家庭科授業サポートBOOKS

指導スキルから面白アイデアまで

小学校家庭科の授業づくりテキスト

佐藤 翔 著

JN017606

明治図書

はじめに

「家庭科の教科書ってなんで授業内容が詳しく書かれていないの？」という声を耳にします。たしかに，授業者に流れがゆだねられている部分が多く，さらに**家庭科の授業ガイドのような本はほとんどないのが現状です**。本書はそんな多くの方の，「明日の授業，どうしよう」という喫緊の課題や，「十分に教材研究をする時間がない」というニーズにお応えします。すべての題材は児童も教師も**楽しく学べるように**，という思いでつくり，私が実践してきました。紙幅の都合上全授業は掲載できませんでしたが，本書の実践をすべて行うと**教科書の内容の７割超をカバーすることができます**。

ワークシートは，題材の流れのイメージをつかむための資料として掲載しています。「明日の授業をこれでやってみたいのに，ワークシートはつくらなきゃいけないの？ そんな殺生な⁉」「残りの３割の授業についても教えて‼」という方は，メールで直接ご連絡ください。必要な資料等もあわせてご紹介します。以下に私のメールアドレスを記載します。xxx_sugar_310@yahoo.co.jp

著者・佐藤　翔は，「専門家庭科，趣味特活」と称して実践研究をしています。大学生や初任の頃は，授業も実習もうまくできず大学の先生方，千葉の教員の先輩方にやさしく教えていただきました。そのような先生方とのご縁があり，現在では教科書編纂にも携わらせていただいています。また，妻からのリレーの形で１年間下の娘の育休を取得しました。家事や仕事のバランスなどもあらためて考えさせられました。おかげさまで男性の明るい未来に向けた講演や，中学校の授業などで話をさせていただいています。

生涯の研究テーマは**「家庭科で子どもの将来をつくる」**です。本書を世に出すことができたのは，上記のお世話になった先生方，出版社の方々，そして妻と娘２人のおかげです。本書を手にしたみなさんとさらによい家庭科を目指し，子どもの将来をつくっていきたいです！

●●● 目次 ●●●

3章 面白アイデア満載！
深い学びにつなげる家庭科授業モデル

序章

え？　そうなの!?
家庭科‼

あるある⁉ 同期の飲み会で，悩む高学年担任

　試行錯誤しながらも熱心に高学年を教えている，かける，英子，備男の３人が話していました。そこで明らかになったあるあるエピソードとは⁉

備　男：今度調理実習なんだけどさ，盛り上が
　　　　るパーティーをする予定なんだ。

かける：いいねえ！　**何パーティーなの？（目**
　　　　的があればカリマネも可です）

備　男：え？　とりあえず盛り上がろうぜって
　　　　感じ。実習やってこその家庭科だもん
　　　　な。裁縫は苦手だけど子どもが熱中す
　　　　るから家庭科好きなんだよね。

英　子：なにそれ〜。調理だけじゃダメだよ？　私はちゃんと技能も身につ
　　　　くように**徹底的に基礎基本を大事にして，家庭実践もさせている**ん
　　　　だから。

かける：家庭科好きになって将来に生かしてくれたらいいよね。**（実践し，**
　　　　振り返りながら技能は身につくもの。単なるスキル習得にならない
　　　　ようにね汗）

備　男：でも管理職が厳しくってさ，「お金がかかる実習はやりすぎないで」
　　　　とか言ってるわけ。残りの時間は**普通の授業をしなきゃいけない**ん
　　　　だよ……。

英　子：普通の授業って「音読して，はい終わり！」じゃないでしょうね
　　　　え？

備　男：だって，そうしないと難しいところもあるじゃん？　ましてやうち
　　　　は専科もいないから準備にそんな時間かけられないし。

かける：理科や社会と似ていると思う。価値観のところは道徳とも関連するし。工夫はあったら楽しいけれど，**みんなで考える普通の授業でいいんだよ。**

英　子：あら，ワークシートだって教科書（指導書セット）についてるよ？　座学のときはあれを使っているけどな。

備　男：そうなんだ‼　助かった〜。座学のやり方わからなかったからさ。

英　子：だけど，実はうちの子たち家庭科あんまり好きじゃないんだよね。

かける：なんで？　備男と違ってちゃんとやっているイメージだけど？

英　子：どうしても座学は「答え探し」みたいになっちゃってさ，子どもがしらけちゃうんだよね。調理実習も教科書通りにやると，特別感がないみたいだし。

英　子：この間なんか，「先生また米炊くの？　もういらないよ」って言われちゃって。テスト形式にしたからみんな真剣だったけど……。

２　人：かけるは専科の経験もあるでしょ？　いい授業ネタないの？

かける：いいネタあるよ！　でも，**断言できるけれど，ネタだけじゃダメなんだ。**

●楽しい⁉調理・製作実習は全体の何割でしょう？

　備男くんが言っていましたが，調理実習は楽しくありたい，そうですよね。では，他の題材はどうでしょう？　調理や製作実習は**やった気になる題材**です。そこに学びがなくとも，成果が出るからです。そのような一般的な実習題材は５割もありません。すると，過半数が楽しくない授業となってしまうのです。それじゃあ，つまらないですよね。楽しく，やりたい！と思える授業にしたいものです。

●どうせやるなら「楽しい」授業を！

　実習はやった気になりますが，やって**学びが何もない「打ち上げ花火」**で

は悲しすぎます。さらに言うと、家庭科における学びの中心はスキルの獲得ではありません。**生活を科学的に理解すること**が家庭科であり、その力が生活を支え、よりよい家庭生活をつくる力になるのです。

　では、家庭科における楽しい学びとはなんでしょう？　まず学ぶ題材は、**やる意味・価値・やりがいのあるもの**でなくてはなりません。そして、教師が日常のある部分を切り取ってきて、考えが揺らぐ発問をします。そこで、児童が**やりたい・確かめたい・身につけたい**と感じる。それが「楽しい」学びであると考えます。

●生活と密接に関わる家庭科⇆やらせる家庭科

　楽しい授業になっていれば、児童は主体的に家庭でも実践するでしょう。しかし、家庭科だけでそのような姿がいきなり見られることはないかもしれません。ですが、「家庭で実践をやらせるべき」と強制しては本末転倒です。やる価値・実践をすることでの学びの深まりはありますし、家庭調査をしないと学びが深まらないこともあります。そのような意図や価値を説明し、促すこと。それで児童がやってみようと実践を行うような、そんな授業の流れにしたいものです。

話は深まって、実習以外の内容の話に

かける：例えば、座学って言っていたけど、それって一斉授業タイプの授業って意味だよね？　知識を教えることは、自分の授業だとむしろ実習・実験で行う方が多くて、教室で座って聞く授業はあまりしたことがないなあ。

英　子：そうなんだけど、子どもに話し合わせる形式でも、最後に正解は必要でしょう？　オープンエンドにしちゃうと結局何が学びなのかわからなくて。

備　男：そうそう！　だから音読するしかなくなっちゃうんだよ。

英　子：この間はものの買い方で，ノートを
　　　　買うことを扱ったのね。デザイン重
　　　　視っていう子もいれば，安さ重視っ
　　　　ていう子もいたの。私から環境面は
　　　　どうかな？ってマークのことを取り
　　　　上げたら，みんなまとめは「環境の
　　　　ことも考えて買う」みたいな感じに
　　　　なっちゃったんだよね。

かける：なるほどね。子どもには**どんな力をつけてほしかったの？**

英　子：「いろいろなことを考えてから，買う」みたいな力かな。

備　男：なんでいろいろなことを考えるの？　ほしかったらそれでいいんじ
　　　　ゃん？

かける：多様な価値観を知り，購入の際の参考にすることは必要だよね。で
　　　　も**異なる場面でも成り立つ学び**をしないと効果が少ないと思うんだ。

英　子：異なる場面でも成り立つって，どういうこと？

かける：今回はノートを買ったわけでしょ。次，おかしを買うとき，おみや
　　　　げを買うとき，ゲームをするときとかにも成り立つ学びをしたいよ
　　　　ねってこと。

備　男：おかしは好き嫌いが違いすぎるから，結局好きなものを買うんじゃ
　　　　ない？

かける：そうそう，好きって何？ってことがわかったらいいよね。次に，も
　　　　っと大事なのがなぜ買いたいかってこと。目的を明らかにすること。

英　子：それで環境とかにも目がいくものなの？

かける：うーん，あくまで教科書では**環境負荷も考えた選択**は「ひとつの選
　　　　択」として知ることを進めているよ。それは伝えたっていいんじゃ
　　　　ない？

かける：**大事なのは目的を意識すること**，そして収集した情報にマッチさせ
　　　　ることが意識されると日常でも使える力になるよね。

●目的を意識すること

　楽しい学びには，その授業をしなければならない意味や，その授業によって児童にどんな力を身につけてほしいかという**目的があるはず**です。家庭科の教材研究をする時間・準備の時間がそこまでとれないかもしれません。ですので，少しでもよいので，「**今日の授業では，何を目指すのか**」ということについて，教科書に書かれているからではなく，やる意味を考えて授業をしてほしいものです。それが明確になると，児童にも作品製作や実践の計画段階で，目的を意識させることが自然にできるようになってきます。

●本書の構造について

　本書は理論編，スキル編，実践編の3章で構成しています。

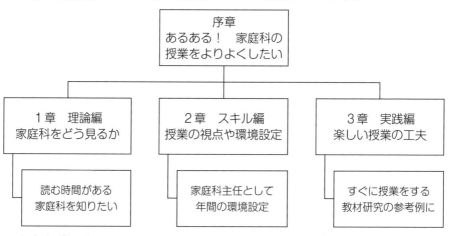

　本書を手に取られたのは，おそらく2・3章にニーズがあるからだと思います。ですので，ある程度授業がうまくいくようになったら1章をじっくり読んでいただくというのもよいかもしれません。また，授業実践まではいかないような情報をコラムとして掲載しています。

1章

章

押さえておきたい！
家庭科授業づくりの
基礎基本

小学校家庭科で育てる
資質・能力

家にはお手伝いさんがいて，すべての家事をしてくれる。両親が家事をしている姿を見たこともない。そんな家の子が「私に家庭科は必要あるんですか？」と聞いてきた際に，どう答えますか？

学習指導要領や解説を読めば，文言としての答えは得られるでしょう。しかし，本章ではできるだけ簡単に，できるだけ具体的な姿で，大切なところに焦点を当てて述べていきます。

1　そもそも家庭科の目的は？

そもそも家庭科という教科は，裁縫科にかわり「**各人が家庭建設に責任をとることができるようにする**」という目的でつくられました（「学習指導要領　家庭科編（試案）」1947年）。この頃からずっと継続されている概念は，家庭科とは，**スキルを身につけるだけの教科ではない**ということです。自立に向けて・よりよい家庭生活に向けて，家庭生活の事象を捉える見方・考え方を身につけることが重要です。

身につけた見方・考え方は，今児童が属している家庭では生かしきれない・実践できないこともあるかもしれません。しかし，身につけた力を，**自分・家族・社会**に，そして**過去を振り返って，現在，未来に生かせる**ようになっていくこと・そういう自分のあり方を考えることが重要なのです。

以上をもとに，新学習指導要領の3観点で家庭科を見つめます。

2 ミシンが家にないのに？「知識及び技能」

　内容B（衣食住の生活）にミシンによる袋等の製作活動があります。ミシンのよさや手縫いとの違い，袋等の縫い方を自分がわかる・できることで，身の回りの布製品について，つくる・補修する等が自分ごととしてわかるのです。穴があいたからただ「捨てる」**しかできない**のと，「直す」「再利用する」「分別して処分する」等の選択肢から，今回は「捨てる」を選ぶのでは，資源の使い方や生活のあり方を考える質が異なります。基礎的な知識の理解と技能の習得は，それ自体が唯一の目的ではないのです。

3 洗濯物の干し方の正解って？「思考力，判断力，表現力等」

　家庭生活の事象に関しては，「答え」が存在せず多様な解が成り立つ場合が多いです。衣服の手入れにおける洗濯の題材でも，例えば洗濯物の干し方，しまい方などは多様な考え方があり，各家庭の価値観が存在します。授業を通して友達と差異を感じたところから，それぞれの方法のよさや特徴を知り，自分ならどうしたいか，どんな解決策が考えられるか検討することが重要です。学習指導要領ではB　衣食住の生活の(4)のイにあたる内容です。

4 家庭実践は絶対必要？　どうしたら？「学びに向かう力，人間性等」

　学習指導要領には「家庭生活を大切にする心情」「家族の一員として」「生活をよりよくしようと工夫する」等の言葉があります。逆に児童がこれを把握していなければ，実践する意味はないのです。宿題として家で実践**させる**，「ありがとうの気持ちを届けよう」と**やらせる**だけでは，学習指導要領の目標には届かないのです。家族の思いに気づいたり，今の自分ができることを考えたりする授業を大切にして，実践前・実践後につなげたいものです。

新学習指導要領の
趣旨を生かした題材構成

　この便利な社会において，インターネットで得られない家庭科の情報はなんでしょうか？

　社会の変化への対応を踏まえて，より家庭に，社会に目を向けようというのが今回の改訂の趣旨と読むことができます。簡単に検索して情報を得られるこの社会だからこそ重要となる，新たな家庭科の題材構成についてまとめます。

1　家庭実践，まずは「やりたい」を目指して

●A⑷「家族・家庭生活についての課題と実践」も新設されました。これまで以上に家庭実践の宿題を出す必要があるのでしょうか？

　結論としてはその通りです。「家族・家庭生活についての課題と実践」は，家庭と連携を深め，学習のまとめとして問題発見・課題設定の力を高めるために新設されました。

　しかし，序章でも述べたように，家庭実践を**目的として行うことは避けた**いものです。そのためには，「なぜ」や「わかった」をつくることが重要です。課題が自分ごととなり，学校での学びで達成感を積み上げた児童は，「家庭でやってみたい」というふうになります。ですから，宿題というより，**学習を家庭生活に生かすきっかけを与える**と思って，**家庭と連携して**実践につなげさせたいものです。

2 家庭の中の自分とは―様々な立場から考えさせる

●家庭の中の自分についてどう考えさせればよいでしょうか？

　一人ひとり家庭環境は異なります。例えば家庭実践やインタビューが難しい児童や，児童に家庭の仕事や手伝いを行わせることに積極的でない家庭もあるでしょう。児童の意識は変わっても，実践に結びつきにくい・実践に差が出ることもあります。そこで大事なのは，**様々な価値観や選択肢があることに児童が気づくこと**です。家庭の行動や考え方が唯一の解ではなく，様々な選択肢があることがわかれば，児童がこの先生きていく上で参考にすることができます。つまり，**現在だけでなく将来つくる家庭でも役に立つ**のです。

　家庭のなかの自分のあり方は，年齢や発達・環境によって変化します。**積極的に交流活動を取り入れていきたい**ものです。

3 児童にとって意味のある題材構成に

●題材構成は教科書通りでよいのでしょうか？

　社会の変化への対応として，家庭との連携のほか，食育の推進や日本の生活文化，自立した消費者の育成に関する内容の充実が学習指導要領解説には示されています。教科書ももちろんこれに対応したものになります。

　重要なのは「社会情勢」を教師が意識して，**児童にとって意味があるように扱うこと**です。例えば，世界ではSDGsが注目されているので，授業は**持続可能な生活を意識した題材構成にすることが重要**です。SDGsの17の目標が当たり前になるようにしたいものです。

　次に日本独自の情勢です。国際化するなかでも重視したい日本の文化・社会を意識します。湿度が高く四季があり，**伝統と広い食文化があることや，家族・地域と関わる機会の少なさ，金銭教育の遅れ**など，実態に合わせ児童にとって日本で育ち・生きていく上で意味のある題材にしていきましょう。

家庭科授業の基本的な流れ

　家庭科は調理・製作実習が想定されやすいですが，実際のそれらの実習時数は多く見積もっても全体の半分にもなりません。つまり，実習をやっていればよいというわけではないのです。

　では，家庭科における授業はどのような流れで行うのがよいのでしょうか。授業の基本的な流れについてまとめます。

1　家庭科授業の問題解決型二大ベース

●知識・技能を「教える」授業から脱却できません

　たしかに技能や知識の定着をねらう内容もあります。しかし，生活と結びつけなければ，暗記させた知識・技能は身につきません。ですから，家庭科の授業は問題発見・問題解決型で行う必要があるのです。

　家庭科の授業には私は2つの大きな型があると考えています。知識及び技能の定着を中心とする授業の型【実験・証明型授業】，そして思考力，判断力，表現力等の育成を中心とする授業の型【交流・オープンエンド型授業】です。

【実験・証明型授業】	【交流・オープンエンド型授業】
知識及び技能スキルを身につける	思考・判断・表現が多様な価値観にふれる

　これらの授業の学びによって，学びに向かう力，人間性等の涵養，つまり家族の一員としての自覚をもってよりよい生活を考えようとする姿につながると考えます。

2 実験・証明型でスキルを身につける

●技能を身につける授業はどうしても一方向的指導になってしまいます

　教えることも必要です。児童が確かめることの違いを明確にし，授業を構成します。**生活事象を理解するには，科学的な根拠に基づく知識や技能を活用し，自ら思考を働かせる必要がある**からです。このような**実習系題材は【実験・証明型授業】**となります。例えば，どんな服の着方で暖かくなるかという課題を，体感・実験しながら確かめさせます。「知っている」から「わかった」上での技能獲得・知識の広がりへとつなげるのです。教師は科学的根拠を資料や師範等で示します。

> ↓ ・不思議を体験し生活事象の**問題発見**
> ・知識・情報をもとに**仮説設定**
> ↓ ・実験計画と**各班の結果**からまとめ
>
> 【実験・証明型授業】

3 交流・オープンエンド型で多様な価値観にふれる

●まとめが難しい授業があるのですが…

　男女の役割観や，おこづかいや生活時間についての考え方，食事のあり方などは時代によって変化します。家庭科では，そのような唯一解がなく家庭によって考え方が変わる事象も学習内容になっています。**多様な価値観に関する内容は【交流・オープンエンド型授業】**にします。具体的には，自分と友達の意見を交流し，新たに気づいた価値を焦点化させます。必ずしも異なる価値観を自分のものにする必要はありませんが，多様な選択肢があることを知り，生活を見直すことができるようにすることが重要です。

> ↓ ・互いの考えの違い等から**問題発見**
> ・**多様な情報・価値観**にふれる
> ↓ ・生活を見直し，あらためて**考えを確立**
>
> 【交流・オープンエンド型授業】

　以上の2つの授業の型によって，児童は家庭生活や自分のあり方を捉え直し，よりよい家族の一員としての意識を高めていくのです。

家庭科の評価

指導と評価の一体化が叫ばれています。これは教育活動を意味のあるものにするための教師の責任としても，児童にとって成長がわかるものとしても重要です。成果物の「器用さ」だけで判断されていませんか？　これからの評価について考えていきます。

1　まずは知識及び技能をどう評価するか明らかに

●どうしても成果物のきれいさを評価してしまうのですが…

評価は指導（目標）と表裏一体のものですから，目標が明確であればよいのです。学習指導要領には内容項目としてアとイが示されています。アは「知識及び技能」の習得，イは「思考力，判断力，表現力等」の育成とされています。それぞれの評価について考えていきます。

目標に「器用に」や「きれいに」という文言を入れるでしょうか？　おそらく入れませんよね。では製作活動では何を評価するのでしょうか。

ミシンで直線縫いができる，目的に応じた縫い方が選べる，という目標であれば，それができていれば十分達成なのです。逆に教師が「少しでも曲がったらダメです」「ここは4mmで縫いなさい」などと言うことは，児童が意味を理解していない可能性もあるので，それができていないからといって評価を下げることは避けたいものです。教師の意向通りの児童を評価するようなことはしないようにしたいものです。

2　イの評価は一時だけではできない

●イの内容の評価が非常に難しいのですが…

　先述した通り，イの内容は問題解決プロセスに自分の生活をよりよいものにするために取り組む内容です。唯一解があるわけではないため，一人ひとり異なる選択肢や行動を評価することは難しいでしょう。

　イの評価にあたっては，何ができるかというパフォーマンス評価ではなく，ポートフォリオや思考の流れを見取りながら，**活動全体を通してプロセス評価を重視する**必要があります。問題解決プロセスにおいて，課題が生活に則しているか，その課題設定のもとどのような方法を検討し実践を計画したか，実践を行い，振り返り，今後の生活に向けてどのように生かしていくかなどの考えや行動を**総合的に評価していく**必要があります。

【学習過程の参考例（一部改変）】

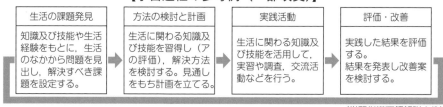

生活の課題発見	方法の検討と計画	実践活動	評価・改善
知識及び技能や生活経験をもとに，生活のなかから問題を見出し，解決すべき課題を設定する。	生活に関わる知識及び技能を習得し（アの評価），解決方法を検討する。見通しをもち計画を立てる。	生活に関わる知識及び技能を活用して，実習や調査，交流活動などを行う。	実践した結果を評価する。結果を発表し改善案を検討する。

(学習指導要領解説より)

3　目標と評価を明示していくから意味のあるものになる

●児童に評価基準を示すべきでしょうか

　もちろんです。活動や学習の前に，児童が目標を捉えていなければ学習として成立しません。そして，目標に基づく評価基準は示されるべきです（いわゆるルーブリックです）。なぜなら，**評価は児童のものだからです**。目標が十分に達成されたかを児童自らが振り返ることができれば，学びとして意味のあるものになります。

2章

絶対身につけたい！

授業を成立させる家庭科指導スキル

家庭科初心者のための
とりあえずスキル

●生肉生魚不可　献立のなかで使用するなら OK

　衛生面の管理が難しいため，小学校段階で生ものは不可です。つまり，加熱してあれば肉や魚介類は使用可能です。献立の学習等で扱うこと自体はもちろん可能です。

●自家栽培のジャガイモで毎年食中毒が起きている

　未成熟な部分や緑色の部分の毒素で毎年食中毒が起きています。加熱してもダメです。小さい・緑色のものは使わない等の配慮が必要です。

●実習は「みんなでできる」がゴールじゃない

　得意な子だけが調理をしては，何の学びもなく終わる子がいます。実習は体験が最大の目的です。個別調理を積極的に進めましょう。

●製作の時数計算に，カワイイ装飾をする時間は入れない

　カワイイ装飾を施したいと，何時間も凝った飾りをつくる子がいます。家庭科は生活のなかで役に立つことを学ぶことが一番です。装飾を認めつつも，本末転倒にならないようにしましょう。

●ミシンが壊れるのはゴリ押しするから

　取り扱いに問題がなくともミシンの糸が詰まることはあります。大事なことはトラブルを軽度にすることです。よくミシンの音を聞いて，無理にペダルを踏み続けたり引っ張ったりさせなければ故障しません。

●綿は汗を吸うから気持ちいいは嘘

綿は汗を吸うので気持ちいいと思っていませんか。汗の量によっては逆に不快になり，薄手の綿でない限り汗を吸うと通気も悪くなります。**用途・場面によって快適さは変化**します。

●理解をもらわないと実践の価値は半減

子どもの仕事は勉強すること，という家庭があります。たしかに知識の習得は大切ですが，教育では家族の気持ちや心情を感じ，思いやって生活することも大事です。実践の際はその価値を伝え，**ただやることが目的とならないよう**，家庭と協力体制をつくっていきましょう。

●賢い買い物は一人ひとり違う

賢い買い物とは，SDGs を意識して環境負荷が少ないものを選ぶこととイコールではありません。一番大事なことは**目的・価値観に合っているか**ということです。まず目的を意識させ，次に環境や地元産等に配慮することを考えられるとよいでしょう。

●課題を忘れても怒らない

家庭実践・家の調査の宿題・課題を忘れて，最も損をするのは児童です。忘れたことを怒るのではなく**残念がり**，学びを狭めていること，**自分のために学びがあること**を説きましょう。

●価値を問う家庭科は担任の方が上手

価値を問い，交流する活動は，いつも児童を見ている担任の方が上手です。専科・専門でなくとも自信をもって授業をしてください！

片づけ・準備のスキル

　家庭科は2年間で115時間しかありません。その中で実習もするのです。いかに時間をかけずに実習時間を確保するかというのは，家庭科の学習の充実のために重要です。さらに，実習が間延びしないことは，事故防止・安全面への配慮にもつながります。家庭科室経営の視点から，紹介します。

1　調理・製作の各班チェック

　いくつもの指示を口頭で伝えようとすると，何度も伝えなければならなかったり，不徹底があったりして，結局最後のチェックで教師も児童も不満を抱えてしまう……そんな場面があるのではないでしょうか。

　だから，やるべきことを班ごとに可視化した掲示物を活用します。やるべきことが

準備片づけチェック　班	1	2	3	4
服装の準備をする	OK	未	未	未
調理台の準備をする	未	未	未	未
使う用具をそろえる	未	未	未	未
使った器具は元の位置に戻す	未	未	未	未

できたら裏返します。教室の当番のお仕事チェック表などで導入している学級もあるでしょう。（千葉市家庭科掲示資料より）

　毎回やることを教師が言わなくてよいですし，子どももやることが明示されているから進んで行動できるので，双方が楽チンです。

2　洗い物は掃除当番も活用して

　調理実習の片づけで時間がかかるもののひとつに，「拭き上げ」があるでしょう。普段使わない調理用具を水気が残った状態でしまうとカビがはえて

しまいます。だからといって実習で拭き上げを厳しくすると時間がかかって……と，なりますよね。だから，**片づけを「途中まで」にしてしまうのです。**

　洗って拭き上げをある程度したらフライパンやボウルなどの**大物の調理用具は乾燥場所に置かせ，**戸棚は開けて十分に乾燥できるようにします。

　あとは次の日に掃除当番と一緒に片づけます。この方が結果的に時間の短縮にもなりますし，調理用具もきれいに使用することができます。

3　ものの住所とあるべき姿を明確に

　子どもたちが片づけた後，お皿の種類が混ざってしまっていたり，調理用具・裁縫用具がぐちゃぐちゃになっていたりすることはありませんか？　その原因は，「ものの住所」と「あるべき姿」が不明確だからかもしれません。日常的に家庭科室を利用するわけではないでしょうから，家庭科室に慣れていないものとして考えましょう。

　写真のように，**何をどこにしまうか（ものの住所）を文字や写真で示し**ます。写真なら視覚的にすぐにわかりますし，どうしまえばよいか（あるべき姿）がわかります。すべて教師が整頓して写真をとって……とすると大変なので，私は掃除中に手があいた子に整理整頓とデジタルカメラでの記録をお願いしました。

ミシンの準備・環境設定スキル

　ミシンは身近ではない・ふれたこともない児童もいるので，安全面への配慮・使い方の定着のために時間がかかってしまうことがあります。児童にとって意味のある学習にするためにも，安全で効率的な準備等について紹介します。

1　ミシンは運び方，注意を掲示物で

　児童にとってミシンでの製作は，初めてのこと・非日常的なことばかりです。そのため，使い方や安全面への配慮など多くのことを気にしながら活動しなくてはなりません。そこで，できるだけ学習内容に集中するため，言わなくてもできることは以下のように掲示物にしてしまいます。

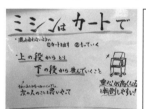

①ミシン用カートは上からとって，下から積む

　準備が効率的に進むように，本校ではミシン用カートを用意しています。転倒防止のために，重心が下になるよう積み方を決めています。

②落下防止の観点から，ミシン本体は両端を持つ

　学校用ミシンは重いので，取っ手があっても両端を抱える方がよいです。

③コードは巻きつけずにやわらかくたたむ

　フットペダルに巻くと，巻きがきつくなり断線しやすくなります。

④本体とカバーにマークをつける

　無料点検には型番・購入年度が必要なので，ばらばらにならないようにマークをつけ片づけやすくします。

2　ミシンの揃え方　台数・種類

　予算面でミシンを揃えることが難しい場合もあるでしょうが，近隣校と使用時期をずらして共同利用すると必要な備品を揃えやすく，進度や技能に応じた指導を行うことができます。参考にしてみてください。

【ノーマルミシン＆コンパクトミシン：人数分】

　複数人で１台を教え合い・協力して使うこともできますが，活動の進みが違うので，ぜひ人数分揃えたいところです。学校用ノーマルミシンは壊れにくく，コンパクトミシンはアームが外れるので，後からポケット等を縫いたすのに便利です。

【ロックミシン：１台】

　三つ折りが難しいキルティングやオックス生地は端の処理をして二つ折りでよいとしています。ジグザグ縫いでも処理は可能ですが，裁断と端の処理を一気にでき，きれいに仕上がるので好評です。キットを使わずサイズにとらわれずに児童がつくりたい・使いたいものを製作しやすくなります。

【コンピュータミシン・ジグザグミシン：１台】

　ボタンの縫いつけは最初の手縫いで行いますが，ボタンホールとなると，手縫いできれいに仕上げるのは難しいものです。ボタンホールのジグザグ縫いは出来栄え，作品の幅を広げてくれます。

【厚めの生地用のミシン針】

　扱いが難しい布は用意させませんが，布が重なるところは厚め・かための布は針が通りにくいことがあります。太めの針を用意しておくと便利です。

3　ミシンの動画の準備

　説明を聞いたときはわかっていても，いざ児童が自分でやってみるとうまくいかない・忘れてしまうことはあるものです。そこで，一般的な流れやミシンの糸の通し方などは事前に動画を撮っておき，児童が必要なときに再生できるようにします。タブレットやPC，インターネット環境の準備が必要となりますが，ない場合はデジタルカメラで撮ったデータをPCにコピーしておく方法でも対応可能です。

4　休み時間に対応するために　予約ミシン

　休み時間もやりたい！という児童がいます。曜日を決めたり，学年で担当を決めたりして対応すれば安全面に配慮できます。

　しかし苦手な児童は，糸を通すところからやると，それで休み時間の大部分を使うことになってしまいます。そこで，授業の日から

次のクラスが使うまでの間，**糸をつけっぱなしにしてよしとする**のです。そして，**名前を記入させて貼らせておけば予約成立**。とても簡単ですし，時間が短縮できます。

5　宝物の山！　再利用布ボックスと寄付布

　糸をセットした後や，縫い目を変えたときなどは試し縫いをすることがあります。しかし児童は余分な布をもっていないこともあります。そこで，製

作の際に再利用布ボックス
を置きます。ここには，製
作の際にあまった布や，家
で眠っている布などを寄付
できるようにします。

　試し縫いのほかに，ポケ
ットやポイントとなる部分
に利用したり，休み時間に何かつくるときに使ったりすることも許可してい
ます。調理実習の油拭き用のウエスとしても利用できるので重宝しています。
　大きさを分けると探しやすくなりますし，SDGs の観点からもむだが出に
くくなります。再利用しやすくするために，掃除の際に定期的に選別や整理
整頓，使用可能箇所の切り抜きなどを行っています。

6　無理のない範囲で　実物見本

　実物（段階）見本はあるにこしたことはありませ
んが，教師ががんばってつくらなくてもよいと思っ
ています。ただ，作品例があると想像が広がるので，
製作が終わった児童にあまった布でミニチュア版を
つくってもらい，年々見本が増えるようにしていま
す。

7　手元をズーム！　生中継システム

　調理・製作の際は教師がやって見せることがあります。その際，全員が見
れるように最前列の子にタブレットを持たせて，大画面テレビに映し出すよ
うにしています。手元を中心に撮らせると，実際に見るよりもわかりやすい
ことが多いので好評です。

書籍・掲示資料のスキル

　学習内容と時数の関係から，小学校段階では知識及び技能面を詳しく扱えないこともあります。中学校との接続を意識しつつ，刺激やきっかけを与えるものとして資料や書籍を準備しています。新しいものを一からつくらなくても，日常の活動や記録などが掲示物になり，授業中に児童が「前に家庭科室で読んだよ」なんて言うことにつながるのです。

1　新しいことを知るきっかけに

　授業に関連する資料，教材に使えると思った書籍やポスターは学校の教科の予算で購入しています。その他，SDGsの視点から，児童会の活動とも連携させ，世界の貧困，病気，健康，食事，教育やその援助活動（内容「C　消費生活・環境」と関連）を行う団体の活動，自分が行っている募金や地域貢献活動などの資料を掲示しています。

2　洗剤と水の使用

　洗剤の使用に関しては授業で取り上げますが，他の教師が家庭科の授業をされることもあるので，とりかかりやすいことのひとつとして流し台付近に貼る掲示物を作成しています。ただきまりを守らせるのではなく，なぜなのかという科学的根拠を理解してもらえるように心がけています。

洗剤1滴の使い方が地球を救う

地球にやさしい洗い方をしよう
洗剤1滴でどう洗うの？
洗う前に，洗剤液というものをつくります
これ大事！

①小さいボウルに水をためます
②スポンジに洗剤を1滴つけます
③ボウルの水のなかでくしゃくしゃもみます
④たくさん泡立ったら完成

3 「旬」を感じさせる，教師も楽しむ仕掛け

　主に廊下の他の学年の目につきやすい場所には，旬を意識した掲示物を用意しています。本校では，総合的な学習の時間とも連携して，中庭で米や大豆や野菜を栽培しているので，植物の成長と収穫，収穫後の加工の様子を掲示物にしています。

　ゆでたタケノコ，大豆や米の花，ちょっと虫に食われているトウモロコシ，学校でつくったみそ，ダイコンのサヤに入った種などの写真や実物を見せると刺激になるようです。

4 家庭科室で記録にチャレンジ！

　雨の日でも楽しめる場所を校内に増やしたいと思っています。そこで学習の有無にかかわらずタイムやスコアにチャレンジできる場を設定しました。

　箸で豆をつまむ時間，ミシンに糸をかける時間，玉どめ・玉結びの時間など，家庭科に関連したものを扱ってランキングにしています。

　休み時間に作品づくりをしている子のそばで，中学年の児童がチャレンジしている姿も面白いですよ。

家庭科室　ギネスに挑戦！		
本返し縫い10針		
学年	タイム	名前
6	25	●●　●●
6	30	●●　●●
5	32	●●　●●
3	40	●●　●●

アレルギー対策のスキル

　主に調理を中心にアレルギー等の対応が必要な児童の割合が増えています。豊かな学びにするためにも安全面への配慮は最優先課題です。一人ひとりのニーズに合った対応をするためにはどうすればよいのでしょうか。

1　学校のアレルギー対策を意識した同意書

　アレルギー関連情報は養護教諭・栄養教諭が中心となって作成しているはずです。その情報をもとに，家庭科の授業での対応を考えます。該当食材があった場合，**調理内容とその目的を含めた書面**をその都度保護者に通知し，対応について検討していただきます。同空間内での食材の使用・本人の調理の可否や代替品での調理の有無の確認を行い，調理に臨みます。

> **Point**
>
> **養護教諭・栄養教諭と学校全体で書式等連携して対応を。**

2　経路を明確に　ラインで

　アレルゲンとなる食材を扱うときは，まずは物理的に空間を分ける対応が考えられます。同じ空間内で作業する場合は，手洗い場からゴミ処理まで，**該当食材とふれないよう，床に蛍光色のテープを貼り空間を分けて視覚化**します。個人でも班でする場合も，一斉指導

で全員がそれぞれのラインを超えないようにすることを確認します。

3 「特別感」を出させない仕掛け

アレルギー対応が必要な児童は，自分の安全を気にかけながら生活しています。そんな児童が「アレルギーがあるからできなかった・班に迷惑をかけた」とならないように極力配慮して家庭科の授業を構成しています。以下，3章で紹介する授業での「特別感」を出さないアレルギー対応です。

【個人・班でメニューを考えられるようにする】

個人調理によるみそ汁，3種の野菜いため，栄養バランスを考えた班単位での献立作成・調理では，扱いやすさを踏まえた上で児童が多くの食材を選べるようにしています。

【卵の調理は代替食品で対応する】

ゆでる・いためる調理で卵が用いられることが多いですが，学習指導要領上必須ではありません。しかし，たんぱく質の熱変性によるかたさの変化は捉えさせたいところです。その際は，豆腐による模擬的なかたさの変化を捉えさせたり（熱変性ではなく水分の変化ですが），ひき肉等の生肉を用いて調理までを行い，試食はさせないなどの対応をしたりしています。

【ヨーグルトの実践は，アガー（植物性）ゼリーで】

食の授業におけるヨーグルトの実践は，アガーを使ってゼリーで行うこともあります。植物性のアガーを使うことで，ゼラチンにアレルギーがある児童にも対応可能です。

【クッキー，ホットケーキ，プリンだって乳・卵が入っていないものも】

家庭科の授業ではないですが，学級のお楽しみ会や総合的な学習の時間などでアレルゲンフリーのクッキーやプリンをつくることがあります。その際も，「アレルギーがある子がいるからできない」のではなく，「どうしたらできるか」という前向きな視点で楽しみながら行えるようにしています。

実習用の備品・環境スキル

　調理実習の他にも比較実験等を行う際に家庭科室を使います。作業しやすくするために，家庭科室や各班にあったらいいな，という備品を紹介します。

1　メモをとるにはクリップボードを

　実験中や師範作業を見る際に，自らの学びのためのメモがしやすいように，Ａ４のクリップボードを人数分用意しておきます。場所をとらず，しっかりしていて書きやすく，ワークシートやノート提出の際も簡単に紙が外せるので重宝しています。

2　調理実習中は吊り下げて

　調理計画や調理のポイントメモを確認しながら実習を行う児童は多いでしょう。しかし調理台の上に置くとじゃまになり，水もかかります。そこで，天井に吊り金具（ヒートン）をつけ，テグスを垂らし，先端にクリップをつけたものを用意しています。使わないときは上の方をクリップで挟めばじゃまになりません。

3 いつでもどこでもノートプリント

　学びのメモをとる際は，基本的にはマス目を薄くプリントした，**通称ノートプリント**を使用しています。家庭科は実験したり，自分の考えをまとめたりすることが多いです。人によって価値を感じる内容は異なりますし，必要

だと思ったときに自分でわかりやすくまとめられるノートの有用性は高いです。しかし，１冊買うと高くつき，資料管理のファイルも用意しなければなりません。プリントにすることで，紙ファイル１つにまとめられます。ただ，留意点や教えることが多い授業では，できるだけ作業時間を確保できるようにワークシートを使うこともあります。

4 大型テレビで視覚的情報を伝えるのは最優先事項！

　実験の様子や実習のコツ・留意事項を伝える際に視覚的情報は欠かせません。それを児童が至近距離で見られると理解を深めるのに有効です。プロジェクターでも大きく出せますが，「ちょっと出したい・見せたい」というときにケーブルの接続やあかりやピントの調整は面倒です。**すぐに，簡単にできるという点では，テレビに軍配があがるでしょう。**

　テレビはできれば２台ほしいところです。調理の師範の際は手元をテレビに映すことで，**全員が至近距離で見られ，細かな変化もつか**めます。個人の発表，意見交換，資料の提示，実習中の指示，前回の板書の振り返りなど活躍の場は多いです。

家庭科室の備品＆消耗品整備のスキル

　家庭科は実施回数が少なく，１つの備品の必要登場回数も少ないため備品が少なくなりがちですが，効果的な学びのためにはやはり備品は必要です。近隣校と連携しながら備品の充実に努めたいところです。

1　班ごとに，班の数分揃えたい備品（食）

①班名が記載されたお盆
②包丁ケース
③文化鍋
④温度計（理科室にあるような）
⑤ビーカー（米の変化の観察，
　洗濯などで使用）

⑥洗剤液用のボウル
⑦デジタル水量計
⑧２種類の湯のみ
⑨試食用スプーン，カップ
⑩３色トランプ（自作教材）

①食材をのせて冷蔵庫で管理・実験・調理での配付に使用します。終わったら教師卓に持ってこさせることで準備・片づけの進捗状況もわかります。

②運ぶ際の接触，調理機からの落下を避けるために使用します。

③米の炊飯で使用します。小さい３号炊き用はペア調理にも使えて便利です。

④理科室にもある温度計です。茶・米の実験・炊飯，衣服の授業の際にも使用します。

⑤米の炊飯実験で使用します。洗濯にも使用します。

⑥洗剤のボトルにも書いてある洗剤液をつくるのに使用します。泡を立てて，その泡で洗うことに慣れれば，家庭用洗剤は１年に１本でたります。

⑦環境との関わりの学習で使用します。日常的に設置することも可能です。

⑧茶・だしの学習で使用します。柄か形を変えて人数分用意しておくことで，比較しやすくなります。

⑨給食室に連絡しておき，デザート等で使わなかった付属のスプーンやカップが出たときはもらうようにしています。試食の際に使います。

⑩東京都の橋本英明先生にヒントをいただき作成したトランプです。栄養・献立の学習で使用します。時間があいたときにも使えるすぐれものです。

2 充実のために１つはほしい備品（食）

　児童に最も人気がある調理実習は，備品を整えておくと時間の効率がよくなるだけでなく，安全で科学的な理解へとつながりやすくなります。

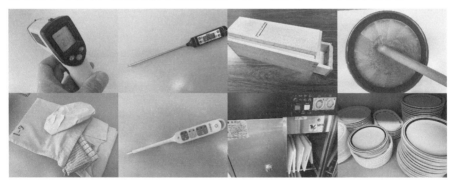

①赤外線温度計　　　　　　　　⑥電子レンジ

②デジタル温度計　　　　　　　⑦塩味計

③鰹節削り器　　　　　　　　　⑧滅菌庫

④すり鉢　　　　　　　　　　　⑨大皿・小皿

⑤貸出エプロン，ふきんセット　⑩温度を設定できる湯わかしポット

①フライパンや食材の表面温度をはかります。

②茶，だし，ゆでる学習で使用します。中心と外の温度の違いもわかります。

③だし，ゆでる学習で使用します。体験したことがない児童がほとんどなの
　で，削りたての香りの豊かさに気づくことができます。

④上記同様ごまの香りをかいだことがない児童は多いです。和え物に最適で
　す。

⑤誰もが実習に参加できるように，エプロン・三角巾・台ふきん・皿ふきん
　をセットにして，ある程度の数は用意しておきます。洗濯して返却させま
　す。

⑥米の調理のほか，イモ類に火がとおりきっていない場合などにも使えます。
　発展で調理法の違いによる味の比較などにも使えます。

⑦ゆでる，みそ汁の学習で使います。おいしい塩味は0.8〜1％といわれて
　います。

⑧包丁・まな板の管理に必須です。乾燥機能もついています。

⑨一食分の調理の際などに，洗い物の量や見た目，環境視点などにつながる
　ツールとなります。

⑩お茶の試飲，調理の乾物を戻す際等に使用します。温度を変えられる保温
　機能があると，お茶の教材準備が効率的に進みます。

3 班ごとに，班の数分揃えたい備品（衣・住）

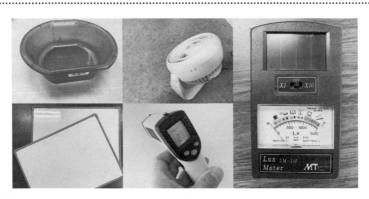

①洗い桶   ⑤レインコート
②サーキュレーター（理科室と共有）   ⑥ビーカー，温度計
③照度計   ⑦小ぼうき
④ホワイトボード   ⑧赤外線温度計

①１～２人で洗える大きさ。洗剤の量や洗い方の学習は少人数でできた方が
　学びが多いです。
②窓の開け方と風の流れ，保温性の実験に使います。
③快適な暮らしの学習で使います。
④情報共有，班活動で使います。
⑤快適な衣服の学習で，保温性の実験に使います。
⑥保温性の実験，住環境の測定に使います。
⑦100円ショップにもある小さめのもの。作業台の掃除に使用しています。
⑧物体の温度がはかれます。暖かさの学習で使います。

4 充実のために1つはほしい備品（衣・住）

衣生活・住生活の学習での科学的な理解には備品が欠かせません。関連する教科（理科・保健）と連携して備品を揃えたいものです。

①二酸化炭素濃度計，湿度計 ⑤ロックミシン
②サーモメーター（iPad に接続） ⑥コンパクトミシン
③スモークマシン ⑦ブラックライト
④マイクロスコープ ⑧組み立て式ハンガーラック

①快適な生活，換気の必要性の学習で使います。温度の可視化にも使います。
②高価なものが多いですが，本校では iPad に接続して使う比較的安価なものを使用しています。住環境や衣服の違いによる体の寒暖を可視化することができます。
③住環境の通気の学習で使います。
④衣服の素材の特徴をつかむのに使います。テレビに接続して使います。
⑤ミシン製作で特にキルティングや厚い布に使います。
⑥袋完成後にポケットを縫うのや小型バッグを縫うのに適しています。
⑦洗剤や石けんについて学ぶ授業で使います。
⑧快適な住環境の温度と湿度の関係を学ぶ際に使います。

5 製作消耗品

①共用ミシン糸　　　　　⑤大量のボタン

②布用ボンド　　　　　　⑥不織布

③仮止め用のり　　　　　⑦チャコマーカー

④しつけのための両面テープ　⑧端切れなどのカット布

①ミシン糸は班で共用にすると，つけたまま保管・使用も可能で時間短縮になります。

②飾りをつける際に，強度を高めるために使用します。

③不器用な子は重宝します。貼ってはがせるので両面テープよりも使い勝手がよく，しつけ糸よりも時間がかかりません。

④しつけ糸を使用してもよいですが，時間がない際は，ぬいしろに貼って，縫い終わったらとります。仮止め用のりより格段に安いです。

⑤手縫いから袋製作までどの段階でもアレンジに使用できます。大量に買っておいて，共用にしておくと面白い作品ができます。

⑥型紙をつくる場合は新聞紙でもよいですが，つくりたい袋の模型をつくる場合，ある程度の強度があり，縫えるので重宝します。見本づくりにも使えます。

⑦チャコペンよりも見やすく，教師の助言も図示しやすいです。

⑧寄付も募っていますが，学校の予算の都合がつけばポケット等に使えるように小さめの布をいくつか買うようにしています。児童は自分の布と交換して使用するなどしてアレンジを楽しんでいます。

6 調理消耗品

①塩，胡椒，鶏ガラ，だしの素 ⑤金たわし
②うま味調味料 ⑥消毒スプレー
③鰹節 ⑦チラシでつくったゴミ箱
④生ゴミネット 　（必要なときだけ）
　 ⑧酸素系漂白剤（粉末）

①基本的な調理でも，少しだけ調味料の幅を広げて用意すると，家でつくってみたいと思える味が実現できます。また，保存もききやすいです。

②だしの学習の際に，旨味を感じるために使用します。

③削る体験と豊かな香りが広がる試食はぜひさせたいものです。実物教材として他にも昆布や椎茸などがあってもよいでしょう

④まったく使用しないと食材カスが残りやすいので時間と水の節約のためにおすすめです。1つの流しのみに設置してまとめて捨てる方法もあります。

⑤ビーカーにこげた米がついたときなどに使用します。普段の調理用具には使用させないようにしまっておきます。

⑥調理実習前後に使用しています。実習前は食中毒防止という安全面への配慮の観点から，実習後は害虫が発生しないようにです。

⑦食材が多くなる場合に使用しています。最後に計量することで，廃棄量についてにも目を向けさせることができます。

⑧まな板の漂白に酸素系漂白剤を使用しています。水の温度を上げ，洗剤とあわせて使うことで，におい残りもなく漂白効果が高まります。

7 住生活消耗品

①粉末洗剤（蛍光増白剤入り）　④液体石けん
②液体洗剤　　　　　　　　　　⑤手洗い用石けん
③柔軟剤入り洗剤　　　　　　　⑥手洗い用洗剤

　洗濯の学習，または総合的に「洗う」ということを学ぶ授業で使用しています。手洗いでは固形石けんを使う学校もありますが，食器や服を洗う際は洗剤を使用する学校が多いようです。様々な種類を用意しておくと，その特性をつかむことができます。

家庭実践スキル

　家族の一員として生活をよりよくする態度を育成するためには，家庭科において実践的な活動，家庭との連携は欠かせません。家庭実践を「やらせる」のではなく，いかに家庭と協力し実践につなげていくかを紹介します。

1　家庭科だよりは事前も事後も

　調理や製作実習の前におたよりでお知らせすることは多いと思います。アレルギーや，内容に不安のある児童には事前に手立てを講じることができます。ものの準備をお願いする場合も同様です。しかし，**継続的な実践をねらうなら事後のおたよりが重要です。**

　実習前は家庭内でも準備等で話題にあがりやすいです。しかし事後については保護者は見られないことが多いので，話題になりにくいのです。ぜひとも実習中や実習後すぐにおたよりを出したいものです。そうすることで，家庭での実践をお願いすることができるとともに，**家庭ならではの工夫や文化を伝承する機会にもなる**からです。実践の目的はあくまでも家庭の一員としての理解を深めることです。

　また，実習の報告だけでなく学校で扱う授業内容についての理解を深めていただく機会にもします。例えば，現在はお米は研ぐ必要がありません。それを実習・実験でも確認します。ですが，それが家庭に伝わらなければ実践にはつながりません。技術の発展や考え方の多様化により，内容はどんどん更新されています。それらの情報を伝え，実践につなげるためにもおたよりは重要です。

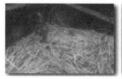

2　保護者会ではよいことを共有する

　保護者会のアイスブレークなどではうれしかった実践などを共有することをおすすめします。困り感については盛り上がりますが，不満ばかりでなく，「じゃあうちもやってみようかな」という気にさせる紹介をしたいものです。（ごま和えや酢みそ和えづくりを家庭の仕事にする児童も多いです）

3　みんなで実践を進める楽しさをつくる

　実習でやったことを紹介したいという一時の気持ちも大事ですが，実践は継続が大事です。しかし，習慣化された日常を変えることはひとりでは難しいものです。そこで，学級に関連するマークを書き，それぞれが家庭実践数に応じてシールを貼る活動をします。みんなでどんどん幸せをつくっていけたら素敵だよね，という認識のなかで楽しみながらシールを貼っていきます。もうすぐ満杯だ！という頃には家庭からも喜びの報告が届きますよ。

児童が自分を振り返る
評価スキル

　評価という言葉を聞くと，児童も教師も急にかたくなる，なんてことはありませんか？　評価は本来，児童のためのもの。日頃の授業でどう生かすか，どう評価するかを紹介します。

1　評価は児童のために明示する

　評価は，児童が自分は内容理解・活用等ができたかを振り返るのに重要です。これまでは教師のみが学習内容の習熟度等を評価してきました。その形式を再考する段階にきていますが，まずは教師主体の評価はどうあるべきかを述べ，その後今後の評価のあり方についても示します。

●効率を重視して，ABC の明示を

　教師だけが評価をして，その評価を明示しないのでは，評価の意味が大きく失われてしまいます。私はワークシートやノートには端的に ABC のみを表記しています。明示することで児童は再度考えますし，児童から質問がくれば本人の理解のために説明することができます。コメントをつけてもよいでしょうが効率は落ちます。授業中に学級全体の学びにつながるような考えを紹介することで同様の目的を達成することもできます。

●原則何度も変更可能

　評価は原則何度も変更可能とし，課題の再提出を受けつけています。しかし，あてずっぽうになっては困るので，評価の機会を増やして，理解度や思考を客観的に判断できるようにしています。

●今後は相互評価を積極的に入れて

　協同学習的に授業を進めていると，児童の方が友達の理解度をわかっているものです。互いにコメントを入れ合ったり，理解度・達成度を評価したりして教師に伝える，ということも今後の学習では必要でしょう。

2　知識・技能面の内容が多いときには付属のテストを

　指導書等にはテストも入っています。それをそのまま暗記前提のテストに使うのでは，この先の生活に必要な能力は身につきません。覚えるべき内容が多い際は，**先にテストを配りワークシートとして使わせるなど，身につくまで何度もチャレンジできるようにすれば**，習得のためのツールとして活用することができます。

3　活用型のテストやワークで「自分なら」思考に

　今後は今よりもさらに AI ではまねできない思考力，判断力，表現力等に関する力の育成が必要とされるでしょう。そこで，テストは活用型をおすすめします。ただ言葉を答える形式ではなく，理解をもとに思考を問うテストにするのです。丸をつける基準を明確にする必要がありますが，自分ならどうするかを考えさせるので，生活に根ざして考えさせることができます。以下にそれぞれのテスト例をあげます。

知識型	ニンジン，キャベツ，ピーマンをいためる際に，ニンジンは火がとおりやすいように（　　　）切りにし，加熱の順番は（　　　→　　　→　　　）にする。
活用型	Aさんは，野菜いためをつくりました。試食した際にある野菜に芯があり，失敗したなあと思いました。 Aさんの調理：ニンジン，キャベツ，ピーマンを乱切りにした。 　　　　　　　　材料をフライパンに入れ，こげないように弱火でいため， 　　　　　　　　こげる前に火を止めた。 ①何をどうすればよかったと思いますか。（2つあげましょう） ②この後，解決するにはどうしますか。

授業班づくりのスキル

調理・被服実習や移動教室での授業はどんな席順にしていますか？　専科の場合，担任の場合，子どもの状況によっても判断が分かれるところですが，なぜそうするのかを明確にしたいものです。

1　生活班と同じにする理由

ところで，児童の席順はどのように決めているでしょうか？　把握しやすいように出席番号順，気になる子が複数いるので教師が決める，さらには気分転換や様々な児童との関わりをねらってくじ引きや自由着席にすることもあるかと思います。これらは**教師の授業が進みやすくなるという管理面と児童の意欲面との目的意識のバランスで成り立っている**といえます。

よって，実習も生活班と同じ班構成にすべきです。出席番号順は評価しやすいですが，三角巾や服に番号をつけさせるか，顔を覚えればよいことです。大事にしたいことは，生活班形成の際の目的を尊重することです。

2　段階的に協同学習で授業をつくる

授業中の学習スタイルは協同学習を意識して進めます。これは，家庭科における学びは1人では成立し得ないからです。さらに学習前は知識・技能面に経験による大きな差があります。その差を教師1人で埋めるのは無理があります。お互いに知っていることを伝え合ったり教え合ったりすることを前提に授業を進めていきます。

日頃から協力することが当たり前の学習形態に慣れさせることで，実験や

実習の授業での準備と片づけ時間の短縮にもなります。ただ，つながりのない子どもたちにいきなり任せるとタダ乗り（役割分担を担わない手抜き，フリーライダー）が生じます。協同学習が身につくまでは，班内で番号を振って教師が役割を示すなど，分担を明確にして手抜きがないようにします。

【参考文献】D.W. ジョンソン，R.T. ジョンソン，E.J. ホルベック著『学習の輪』二瓶社，1998
　　　　〈協同学習について〉

3　個別調理をスムーズに行うための授業の流れ

　教え合い，考えを交流しながら授業を進めるといっても，実習に関しては最終的に個別調理を目指します。

　これは，個別に知識・技能のアウトプットをすることが，内容定着に一番効果的だからです。

　しかし最初は火の扱い，刃物の扱いなどを個別でやらせると時間がかかり，また安全面への配慮も難しいでしょう。**これはアウトプット以前に，経験が少ないためにインプット自体が成り立ちづらいからです。**

　そこで，以下のようにインプットからアウトプットへの流れを組み，個別に取り組める授業の流れにします。

学習形態	行為の焦点	学びの質
まずは<u>全体</u>で師範を見る 次に班で代表がする 問題がなければ交代でする 次にペアでする 最終的には<u>個別調理</u>	見る 見て確認する 互いに確かめ合い，練習する （ペアで助言し）実行する 個人の活動，反復の増加	インプット ↕ アウトプット

　どの段階でも友達と協力しながら学べる環境が必要です。また個別に取り組めるように，コンロは人数の半分，ミシンは全員分あることが重要となります。

ノート・ワークシート
作成スキル

ただ聞くだけの授業にはしたくない，けれども知識は押さえたい。そんなときにワークシートは有効です。しかし，毎回授業にぴったりのワークシートを用意するのは大変です。ですので，いつもできるノート術を考えます。

1　ノートの役割を考える

科学技術の発展，授業観の変化によって，今後はノートのあり方も変わってくるでしょう。何のためにノートをとるのかを明確にする必要があります。ノートをとる意味は，例えば以下のようなものが考えられます。

	インプット	アウトプット	その他
ノートの役割	①記憶の形成 　板書を見る，書くことで視覚的・動作的に記憶しやすくなる。 ②情報の収納 　見返すことができるので，すべて覚えていなくてよい。 ③記憶の蓄積 　何度も見直すことで情報が入り記憶しやすくなる。	④考えの可視化 　意見を書いて自己の考えを客観視し，考えをまとめる。 ⑤考えの交流 　話さなくても読み合うだけで効率的に情報が交換できる。	⑥量的・美的価値 　きれいにまとめられる。 　たくさん書けてうれしい。 ⑦意欲の提示 　相手に興味をもって学んでいることを示す・アピールできる。
その他の方法	ICT機器を活用し，タブレットに入力したり，音声・動画で情報を保存したりする。インターネット検索と連携させやすい。	話す・相談することなどでも可能。まとめはタブレットなどを使いスライドなどでも作成可。	ノート・ワードアプリはきれいに表示できる。SNSなどで反応を得られる。

これを見ると，インプットの側面では，**記憶力が抜群によい子はノートに書くことが絶対必要とはいえません**。逆に知識を要約したり，自分の考えを参照したりしながらまとめることが目的であれば，手法のひとつとして有効でしょう。育む能力を何にするかにもよりますが，板書は「必ず写さなければならないもの」ではないはずです。目的を考えて，使用方法を考えたいものです。ノートがもつ意味や目的の一部は，この表の通り ICT 機器で代用できたり，より効果的に活用できたりする可能性があります。**環境さえ整っていれば情報の蓄積・検索・表現等は ICT 機器に軍配が上がります**。

2 知識・技能面についてが多いときに役立つワークシート

指示や説明を減らし，**多くの情報を効率的に整理・まとめるにはワークシートが効果的**です。例えば，調理実習における手順や留意事項を記入式にしておく，片づけや分担など後で見ればよい資料をすべてワークシートに入れておくことで，着目させたいことに集中させたり，活動時間を確保したりすることができます。一方で作成に時間がかかることがデメリットです。

3 基本はノートで OK　家庭科のノートプリント

家庭科ではワークシートが使われることが多いのではないでしょうか。本来，何を大事だと思うか，追加でメモしておきたいことは何かなどは，本人の知識によってそれぞれ異なるはずです。市販のワークシートが使いにくい際や，思考・表現や創意工夫をさせたい際は，制約されないノートがおすすめです。私は授業中，常に**8mm と10mm 方眼を薄くプリント**したノートプリントを用意しています。ワークシートを使う授業でも，必要だと感じた児童は「自分の学び」のために，さっとノートプリントを持っていきます。ノートを1冊買うまでもない，けれど一人ひとりに合った学び方ができるように，A4ファイルに綴じられるノートプリント，いかがでしょうか。

問題発見・課題設定スキル（問題解決前編）

　家庭科では，自らの身の回りの生活事象に目を向け，問題解決的な学習で生活をよりよくしようとする姿勢で取り組むことが重要とされています。まずは前編として，いかに**問題発見・課題設定を行うか**に焦点を当てます。以下の学習指導要領解説に記載されている学習過程例と照らして見ていきます。

家庭科，技術・家庭科(家庭分野)の学習過程の参考例

生活の課題発見	解決方法の検討と計画		課題解決に向けた実践活動	実践活動の評価・改善		家庭・地域での実践
既習の知識及び技能や生活経験を基に生活を見つめ，生活の中から問題を見いだし，解決すべき課題を設定する	生活に関わる知識及び技能を習得し，解決方法を検討する	解決の見通しをもち，計画を立てる	生活に関わる知識及び技能を活用して，調理・製作等の実習や，調査，交流活動などを行う	実践した結果を評価する	結果を発表し，改善策を検討する	改善策を家庭・地域で実践する

※上記に示す各学習過程は例示であり，上例に限定されるものではないこと

1　子どもは生活事象を見ていない

　「青菜は何分ゆでますか？」と聞いて答えられるでしょうか？　生活でゆでるところは見ていても，自分がやることを想定していなければ，おひたしはゆでられているものという認識はあるでしょうが，どうつくればよいかはわからないのです。つまり，与えられる側から，**与える・つくる側の視点に変えるような機会が必要なのです**。視点が変わると，先程の質問には解がないことがわかります。青菜の種類，茎の太さなど，着眼点をもって生活事象を捉えられるようになるのです。

2 問題をつかませるためのギャップを大切にする

　問題とは，現状とありたい姿とのギャップと考えられます。友達の意思決定との比較や予想と反する実験結果等を経て，「なんで違うのだろう」「確かめたい」となった際に，初めて問題になるのです。例えば新設された家族・家庭生活についての課題と実践の内容で，「母が家事をするから問題はない」「それでも自分でできることを探しなさい」というのは課題設定・問題解決的な授業ではないのです。

　同様に，前述のゆでる授業では，（調理時間をかえてゆでた）２つの青菜のおひたしを示して試食させると，児童はそこで初めて違いに気づき，要因を確かめようとします。さらにどちらがおいしいかを問うと，おいしさの好みも違うことを知ります。こちら側をつくりたい！　なぜ違うのだろう？という思いになって，おいしくゆでるには？という課題設定ができるのです。

3 習得・生活改善ではなく，自分がよりよくあるために

　親がつくった生活環境のなかで，小学生が家庭生活全体を大きく改善することは難しいでしょう。しかし，児童発信で家庭内の仕事を手伝い，自分の仕事にしていったり，家族への言葉かけや行動を変えたりして影響を与えることはできます。児童が意見交流等で自分の家庭生活の「よくない」問題に気づいても，課題として設定し解決するのは難しい場合もあります。課題は，家族の思いを知りたい・自分の認識や行動を変えようという「自分からの視点」で設定することが必要です。

> **Point**
> 　よりよくする対象のみが課題ではありません。「つくり手側の視点」で問題をつかみ，「自分からの視点」で見ること自体が課題になります。

実践・評価の設定スキル
（問題解決後編）

　家庭科では，自らの身の回りの生活事象に目を向け，問題解決的な学習で生活をよりよくしようとする姿勢で取り組むことが重要とされています。後編として，**問題解決の実践と評価のあり方**に焦点を当てます。

家庭科，技術・家庭科(家庭分野)の学習過程の参考例

生活の課題発見	解決方法の検討と計画		課題解決に向けた実践活動	実践活動の評価・改善		家庭・地域での実践
既習の知識及び技能や生活経験を基に生活を見つめ，生活の中から問題を見いだし，解決すべき課題を設定する	生活に関わる知識及び技能を習得し，解決方法を検討する	解決の見通しをもち，計画を立てる	生活に関わる知識及び技能を活用して，調理・製作等の実習や，調査，交流活動などを行う	実践した結果を評価する	結果を発表し，改善策を検討する	改善策を家庭・地域で実践する

※上記に示す各学習過程は例示であり，上例に限定されるものではないこと

1　学校の実験・実習は科学的根拠・多様な価値観を学ぶ場

　「確かめたい」「もっとよくしたい」という解決すべき課題を設定した後，授業で科学的根拠や価値観の相違を感じられる場を設定します。科学的根拠については児童主体で実験計画を立てることも可能ですし，価値観の相違についてはマンガやニュース，全体への問いかけ等を導入でよく取り入れています。「自分はこんな食感が好きだから〇分でやったらできるかな」と科学的根拠を考えさせたり，「役に立つ手伝いは？」と問い自分の価値観とのすり合わせをさせたりします。自分で考え，試して，共有して，理解を深めたり，考えを広げたりする場を確保することを重視します。

2 家庭実践はやりたいと思える環境設定を

　家庭実践は，家庭との関わりや家のなかで自分はできるという気持ちを強めるためにあるものにしたいと思います。それが近い将来仕事を担うことにつながります。**大事にしたいのは「やってみたい」というつくる側としての意識の向上です。**ですから，学校で行った調理を家庭でも行うことを目的とした強制の宿題にはしないでほしいです。子どもを台所に入れるのが嫌な家庭では，子どもが「この間の青菜，苦かったからもう少しゆでて」と言えたら花丸ではないでしょうか。その上で，実践しやすくできる情報提供が大事になってきます。授業の様子をおたよりで写真とともにお知らせするのも効果的です。「お米は研ぐ？　洗う？」なんてキャッチーな言葉をもとに，家庭でも話題にしていただき，実践との連携をとれるようにするのです。後日保護者から「先生お米って洗うの？　私が授業を受けたいです」なんて言われることもあります。

3 評価・振り返りは自分の学び視点で

　「継続して家でも調理できていますか」という質問では多くの子が挫折してしまうでしょう。振り返りで求めるのは実践を継続しているかどうかではなく，実践した自分の学びを焦点にすることです。実践して，家族と話したこと，難しさを感じたこと，実践した気持ち等の**生活事象への関わり方でどんなことがわかったか**を振り返らせます。結果的に家族から肯定的な反応が得られたり，習慣となり自分の仕事となったりすればすばらしいです。

> **Point**
> 　科学的根拠を確かめ，自分の価値観とすり合わせながら，家庭での関わりを体験し，自分の学びを意識することが重要。

調理：おいしさ・感覚・調理の要素習得のスキル

調理においては，おいしさとは何かを意識し，それは自分の調理によって変化させられることを感じさせることが学びにつながります。調理実習で有意義な学びをするために，重要な要素を紹介します。

1 おいしさの要素とは

おいしさとはなんでしょう？　味のことであると答える児童が多いです。3章の実践でもふれていますが，おいしさというものは奥が深く，五味（甘味，塩味，酸味，旨味，苦味）の**味覚の他に，人間の五感，さらには文化や環境・心情までもが影響**を与えます。

好きな人と食事に行ったり，自分で初めて調理をしたりするとおいしく感じられる。逆に，部屋中真っ黒で青い色ばかりの料理であれば食欲が減退する（青色のごはんなんて，まさにです）。さらには，悩みごとがあったり，落ち着かない音楽がかかっていたりすればおいしさを感じられる機会は失われるでしょう。

このようなおいしさの構造について，**いつどのような学習をさせるかを系統的に計画**し，少しずつおいしさの要素を意識しながら調理できるようになっていくことが調理実習では必要です。**加熱時間や温度は重要ですが，おいしさをつくる調理の要素のひとつにすぎない**のです。

次ページでは，おいしさをつくるために，調理題材・実習全体を通して意識させたいおいしさを感じる感覚と，調理の要素について取り上げます。

2 自分の感覚を意識する

感覚を使うことを意識する授業を調理題材の前に組み込みます。感覚を意識して調理に向かうことができます。

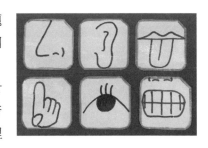

ヨーグルトの実践では主に**目と鼻**に，せんべいの実践では**歯ごたえや味**について着目させます。**感覚マーク**として示し，調理実習の際に意識できるようにします。

3 調理の要素を意識させる

各調理では，調理の要素を変えることでおいしさが変わることを実感するように**師範・事前試食を授業に組み込み**ます。

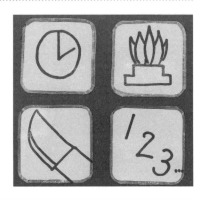

例えばお茶の実践では，温度・火加減（右上）と時間（左上）を変えることでおいしさが変わることを体感させています。こちらも**調理要素マーク**として示し，調理実習の際の留意点とします。

4 「意識する」と変わることに気づかせる

大事なことは，おいしさは一人ひとり違うということです。ですので，調理の際には自分の求めるおいしさに向けて調理の要素を意識させ，自分の感覚を使って調理させます。そうすることで，**師範に比べて・試食と比べて，自分は自分のおいしさを意識してつくれたか**を振り返ることができるのです。

調理：安全のための 包丁・ピーラー指導スキル

調理実習では，多くの題材で包丁を使います。しかし，包丁・ピーラーにさわったことがない児童も多いです。安全面に配慮して，切り方・皮のむき方が身につく指導をお伝えします。

1 包丁を研いでおく

準備段階で必要なのが，包丁の**切れ味をよくしておく**ことです。研いでおかないと，余計な力をかけてしまい，その力が指を切ることにつながってしまいます。砥石を使わなくても，簡単に研げる道具が売っています。

包丁は毎日使うわけではないので，年に一度程度研ぐことをおすすめします。

2 包丁はスッと押す

刺身包丁などは「引いて切る」といわれますが，「スッと押して切る」と指導しています。押す理由は，体重が乗った方が切りやすいためです。ただし，**大切なのは「スッと」**の方です。児童は押しつぶす切り方をしてしまいがちです。そこで，**包丁を引かずにそのまま手に当ててみせます**。少しでも引けば切れてしまいますが，安全面への

配慮と，包丁が切れる意味を理解させるために示しています。根菜などかたいもののときのみ，少し体重を加えるように伝えます。

3　ジャガイモの皮をむく

　ジャガイモは，教科書では**切ってゆでた後，手で皮をむく**ことになっています。もちろん安全面に配慮し，包丁に慣れさせるためにはよいステップだと思いますが，私がおすすめしたいのは，**包丁に慣れる前に包丁での皮むきを体験**させることです。包丁に慣れると，包丁への恐怖が減っています。包丁の危険性が頭にある段階で指導するのです。

①ジャガイモを持つ手は「送る手」にする
②包丁を持つ手は，「固定する手」にする
③**包丁を持つ手の親指で皮を引っ張りむく**
④ジャガイモを持つ手の親指をもう片方の
　親指につけるように送る

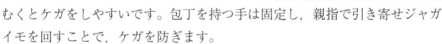

　③の段階が重要です。包丁を動かして皮をむくとケガをしやすいです。包丁を持つ手は固定し，親指で引き寄せジャガイモを回すことで，ケガを防ぎます。

4　ピーラーは包丁に慣れてから

　ピーラーの方が手の皮をむいてしまいケガの程度が大きくなります。使うのは包丁に慣れた後，具材をまな板などに固定して使う方法をおすすめします。

> **Point**
> 　**ケガの危険があるからこそ，慣れない段階で正しい知識を身につけることが大事。ピーラーは簡単だからこそ危険を意識して。**

調理：注文制・調理評価スキル

調理実習では，調理する食材をどこまで教師側が統一するか迷うこともあります。目的を意識しつつも，児童の生活に近い学びを実現できるようにさせたいものです。その際に有用な注文制の食材準備・調理評価を提案します。

1 注文制のメリット・デメリット

食材を統一すると，全体把握，具体的調理，教師の師範通りかの評価がしやすいでしょう。一方で，すべての調理実習で教師が決めたものを，師範通りにやらせていくことが必要なのか検討することも必要です。

大事なのは目的に返ることです。調理実習は以下のように分けられます。

目的	学んだ知識を実証する場	考えた仮説を実験する場
内容	主に知識及び技能の定着	主に思考力，判断力，表現力等の活用
具体的場面	だしをとる 提示された青菜を適切にゆでる 根菜を芯のないくらいにゆでる いためる際の菜箸の動きを確認する	学んだ内容を自分の好みに合わせて変化させる 学んだ内容に似た調理を自分で考え実行する
評価	師範通りに扱えたか（再現）	全員同じ評価はできない 調理実習の意味とポイントについては後述
食材の用意	人数分，同じ量	人によって異なる（注文制）

以上を踏まえると，同じ食材で調理する必要がないことがわかるでしょう。以下に，おすすめする注文制のやり方を紹介します。

2 考えられうる食材をピックアップする

まず，調理実習の目的に合うような食材を考えさせます。（右の写真はいためる食材を書いた黒板の一部）

この時点では，自分が何を使うか決めるのではなく，使えたらいいなと思うものを多めにピックアップさせます。（写真の左側の数字が最初の希望人数。右側が3・4の段階を経て最終的に決まった人数を示しています）

3 1単位の説明を行い，交流の時間をとる

その食材を使う人が少なくてあまってしまってはむだになります。そこで，食材の注文にあたっては，希望者数が1単位になれば使用可能だと伝えます。例えば，タマネギは使用量から考えると最低で4人で1個なので，4人集まらなければ1単位にならないということになります。

4 1単位の食材の決定，評価のポイント

1単位の目安となる人数を伝え，交流させて食材の目星をつけさせた後，決定していきます。希望が通らない場合も相談させて他のものを選ぶなど，できるだけ希望に沿うようにします。また，この時点で調理計画を立てさせ切り方や加熱の仕方などを評価します。当日は補完的に確認をします。

Point

　調理中に食材の扱い方を理解しているかどうかを見るのは難しいです。事前のワークで知識を見て，調理実習はあくまでも確認の時間に。

製作：ミシンの使い方・関わり方スキル

　製作実習では，時間がどれだけあってもまだたりないと思うことがあるでしょう。実習中に児童が教師を呼ぶ原因と，その対策を紹介します。

1　3種の神器を持って指導に

　何も手立てを講じない場合，児童の半数近くがミシンの使い方に関する質問をしてくることもあります。これは動画やワークシートを用意することで解決できます。残りの児童の相談は「うまくいかなかったこと」についてです。縫ったら曲がっちゃった，ここにポケットをつけたい，ミシンが動かない，縫い目が絡まる……など。これらは個別に対応するしかありません。できるだけ多くの児童を見られるように，以下の3つを持ち歩いています。

小マイナスドライバー	ミシンの付属品です。ミシンが進まなくなって，下糸が釜の中で絡まったとき，プレートを外すのに使います。	
リッパー	縫い直しの際に使います。布をやぶきやすいので，最初は半分くらい教師がやってあげ，「あとはがんばって」と言うとふくれ面の子も見通しもって，意欲も持続してできます。	
チャコマーカー	印が見えにくいときや縫い方を教えるとき，縫い線，助言を書いてあげます。チャコペンより水で落ちやすいです。	

2　耳を使いながら使わせる

　ミシンでは「耳」を一番使うように指導しています。うまく縫えなくなる

とき，糸を使い終わった場合以外，**必ず異音がします。**「なんか変な音，してない？」とすぐに止めれば100％直すことができます。逆にペダルを踏み続けたりかまわず進めたりするとミシンが壊れ，仕上がりも悪くなります。

3　作業場所を確保する

安全面への配慮，持ち物の紛失を防ぐためにも，作業場所を極力広くとるようにしています。1つの作業台に対して人が多い場合には，教師卓（師範用）を使ったり，長机で新しい作業場所を廊下につくったりして対応しています。

4　役割分担を明確にして片づけをする

安全確保・班の協力意識を育むため，班内で役割分担し，それぞれに責任者をつけます。針の本数確認や糸くずの残りなどを互いに確認し，最後は班ごとに OK をもらい，授業を終えるようにしています。

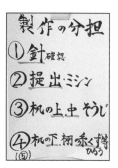

5　時間を意識する

「あとちょっと！」と言われます。しかし，許可すると時間通りに片づけた児童が損をします。最初は「10分でできそう？」と児童に聞き，片づけの時間を設定します。実際にかかった時間をはかっておき，それを次回の片づけの時間にして，挑戦する要素を入れて取り組めるようにします。

製作：製作活動での
　　　児童の把握・評価スキル

授業中は目立たなかったのに，作品を提出して初めて「あれ⁉」と気づく児童がいたり，助言に対して「べつに（直さなくて）いいです」と言う子がいたりします。個々を把握し，適切な助言・指導を行うスキルをまとめました。

1　目的をはっきりさせる計画用紙

製作活動は比較的長い時間取り組むことになります。最初は「楽しい！」と思っていても，そのうち，「ま，これでいいか」となってしまうことがあ

ります。それは，**目的が明確になっていないからです**。つくり上げながら工夫を思いつくこともありますが，**目的自体は変わらないものです**。簡単な計画書で「誰のためにどんなものを」「だいたいの大きさ，どう使うか」などを明確にさせます。助言は，教師の主観で「やらせる」のではなく，児童の目的に合わせて提案する程度でよいのです。

> ●今回の目標
> 【修学旅行で使えるバッグや袋をつくる】
>
> ●目的を考えよう
>
> 目的：
>
> ●必要な布について考えよう
> ・できあがりの大きさ
> 　横□cm ×縦□cm
> ・布の最低必要量
> 　横□cm ×縦□cm
>
> ●工夫やこうしたいという思いを書こう

2　動画や発展の工夫は２：６：２の割合を意識して

どんな組織でもこの割合で理解度や行動が分かれるといわれています。こ

れを家庭科にあてはめると，全体の2割は目的を知ったらすぐ理解できる，6割は示して練習すれば理解できる，残りの2割が個別に支援を受けて理解できるという構成です。これは通常の授業でもあてはまりますが，製作題材は「できた」かどうかが成果物として表れてしまいます。それぞれが意欲を減退させずに達成感を味わえるように各段階を想定した手立てを準備します。

　まずは6割の層を「教師の手がかからないようにする」ことが大事です。師範映像をタブレットに記録しておき各自で見られるようにする，協同学習・役割分担を積極的に取り入れるなどです。そして，上位の2割が「やりたい」と思う発展の工夫を用意しておきます。下位の子のフォローだけでなく，発展可能な作品例やアイテムがあると全体の意欲が高まります。

3 写真撮影で進度を把握し助言を記入する

　毎時間作品を提出させると，休み時間にやりたい児童に対応できませんし，つくっている途中ではまち針や部品の管理などが面倒なこともあります。それに，忙しいときは全員分を見る暇がない場合もあります。それらをすべて解決するために，**タブレットで撮影し，写真で提出**させます。

　さらに製作段階をいくつかに分けて明示しておき，自分はどの段階なのかをわかるようにします。台紙の色を分けておき，そこに作品をのせて撮影すれば，**一見して全員の進度を把握することが**できます。

　タブレットで撮影することで，**写真を編集する機能を使ってそこに助言を書き込む**ことができます。各自に印刷して配付すれば一人ひとりに助言をする時間を短縮することができます。

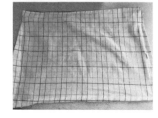

3 章

面白アイデア満載！

深い学びにつなげる
家庭科授業モデル

ジョンくんの質問「なんで家庭科をやるの？」

　5年生の家庭科の始まりには，ガイダンスの時間が設定されています。

　これまでの家族・家庭生活との関わりや自分ができるようになったことを振り返り，これからどのようなことができるようになるかを自覚し，家庭科学習の大まかな見通しをもつ題材となります。家庭科をなぜ学ぶのかを捉えるために，過去・現在・未来を見つめる題材にしたいものです。

1　過去を見つめる　今の私たちができること

目標　○家庭や学校・地域の人との関係のなかで成長してきたことに気づく
　　　　○家庭科で学習する内容から，今後の自分の生活のあり方を見つめる

　出生から現在までの自分を見つめる活動は，生活科や4年生の総合的な学習の時間などの授業でも行われることがあります。5年生の家庭科の振り返りで重要なのは，

①家族や周りの人との関わりのなかで生活が成り立っていたこと

　（関係性のなかの自分を認識）

②少しずつ自分でできるようになったことが増えてきたこと

　（自立の自覚）

を児童が感じることです。

　そこで，「出生」「入学前」を基準にして，今の私たちができるようになったことを考えさせます。その上で，「今は自立しているかな」と問います。児童は「自分でやらなきゃいけない身の回りのことはできる」と発言する一方，「お金を稼げない」「料理や洗濯などはまだ家族に任せている」という発言が出るでしょう。

　出生から入学前，そして入学後とできることが増えてきていることに気づく反面，「自立」（引用参照）するためにはまだ身につけていくべきこと・考えを深めていくべきこともあることに気づかせます。

　そこで家庭科の教科書の目次のページを開かせ，内容を大まかに把握させます。すると児童から，「家庭科は自立していくための勉強なんだ」という意見が出てくるでしょう。

【板書例】

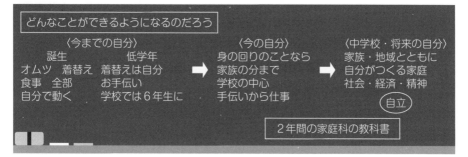

　自立は衣食住のスキルを獲得する生活的自立と捉えられがちです。しかし，小学校家庭科はその他にも，家族との関係性を捉えることで精神的自立や社会的自立，そして消費の学習を通して経済的自立を扱う内容で構成されています。

　NHK 高校講座で，自立について取り上げられていました。

　オトナの条件とは，「自立」。日々のくらしに関する「生活的自立」，心のありように関する「精神的自立」，コミュニケーションに関する「社会的自立」，お金に関する「経済的自立」，自分も相手も大切に考えるための「性的自立」などの側面があります。

　　　　引用：NHK　高校講座　家庭総合
　　　　　　　第１回「自分・家族　オトナの条件とは？～青年期の課題～」
　　　　　　　https://www.nhk.or.jp/kokokoza/tv/katei/archive/resume001.html

---

2 ジョンくんの意見から今後・未来を考える

目標　○現在の自分と家族の関係に目を向ける

　　　　　○家庭科で学ぶことを見通して，現在・将来ありたい姿を考える

　家庭科では衣食住や消費など生活に関する事象を扱いますが，それは全員が身につける必要があるのでしょうか。ここでジョンくん（人形）を登場させます。

ジョン：家庭科が自立のために必要そうということはわかったよ。でも今は家族にやってもらっているから困らないし，将来も奥さんに家事をしてもらうからいらないよ。その分稼ぐからね。

教　師：ジョンくんはこう言っているけれど，ジョンくんになんて答える？

> **Point**
>
> 　あえて，なぜ家庭科を学ぶ必要があるのかを問います。すると，児童も違う意見に耳を傾け，ガイダンスの時間の意味が深まります。

児童A：相手ができないかもしれないし，できた方が楽しいよ。

児童B：うちの家族もお父さんは何もやらないからいいんじゃない？

児童C：今の時代，男女で違うのは変だよ。うちはみんなで分担しているよ。

児童D：おかしをつくったことがあるけれど，ありがとうって言ってくれるのはとてもうれしかったよ。自分でできることが多いとうれしくない？

児童E：正直，家事を自分がやるってなったら面倒だなあ。

児童F：もし考えが変わってやろうと思ったとき，できないって残念じゃない？

　今の児童の正直な気持ちを交流させることが重要です。そのため，どのような考えもまずは教師が肯定的に聞くようにしましょう。今の時代にそぐわない等の理由で意見が否定されることがないように配慮します。

児童は話し合いのなかで以下のようなことに気づくでしょう。

・自分自身や身の回りの人に対して自分にできることが増えていること
・少しのことで楽しさやよりよい生活をつくり上げることができること
・自分も家族の一員であり，家族は互いのために行動することがあること
・自分の家族の家庭のあり方・考え方は，友達とけっこう違うということ

教　師：いろいろな家族のあり方，考え方がありますよね。間違っている考
　　　　え方というのはないと思います。私は，家庭科では大きく次の2つ
　　　　のことが身につくと思っています。(スライドで提示)

> **Point**
>
> **やりたいと思ったときに使える，①「基本的な知識・技能」**
> **友達の異なる意見や考え方から，②「広いものの見方や考え方」**

教　師：だから，ぜひ習ったことを家でもやってみてほしいなあ。小さなこ
　　　　とでも，「やってみようかな」「どんなことなら家でできるかな」
　　　　「手伝いから仕事にしてみよう」と思うことが大事で，それが将来
　　　　の君たちがつくる家庭生活のための第一歩だと思っています。

　上に示したポイント2つと，教師の語りは，新学習指導要領の3つの学力
観（知識及び技能　思考力，判断力，表現力等　学びに向かう力，人間性
等）を意識しています。特に3つ目の教師の語りのなかで意識していること
は，**やらされる実践をするよりも，少しであっても自分にできることを考え，
実践することに意味がある**と伝えることです。問題解決が自分ごととなるこ
とを意味しています。

　家庭生活は，児童の環境によって様々です。しかし，どの児童にとっても
家庭や学校の今ある環境でよりよく過ごすことについて考えることは，今，
そして未来の生活を変えることになります。交流を通して，そんな気づきを
深められる授業にしたいものです。

A　家族・家庭生活

B　衣食住の生活

C　消費生活・環境

私と親の生活時間

　生活時間を見つめるだけでは，当たり前になっている日常生活からは課題が見つかりづらいです。そこで，親と自分の比較を通して，生活時間の特徴や家庭生活とのつながりに目を向けられるような題材を考えました。

1　そもそも生活時間をマネジメントすることは難しい

　この題材を行うにあたって，「改善させる」という反省ベースで子どもたちに問う授業にはしたくないと考えています。

　我々大人でも，自分の生活や時間の使い方でうまくいかないことは多々あるものです。ましてや，小学生は習い事もあったり，家族の仕事や過ごし方の影響も受けたりするため，自分の都合だけで自由に決められない時間もあります。

　そこで，まずは生活時間を有意義に過ごすことの理解を重視します。そして，生活時間をマネジメントすると「もっと素敵な生活になる」「自分の夢の実現に近づく」というプラスの意識をもてるように取り組んでいます。

> **Point**
>
> 　「改善させる」のではなく，生活時間を有意義に過ごす方法がわかれば，よりよい生活が実現できるとプラスに考えましょう。

2　宿題として「私と親の生活時間」ワークシートを配る

　自分の生活時間をできるだけ細かく記入させます。さらに親の生活時間も

親にインタビューして返答可能な範囲内で調べさせます。

　子どもたちは親の生活時間を深くは知らないものです。専業主婦（夫）の方でも地域や学校と関わる仕事があったり，料理の仕込みや掃除など普段見えない部分があったりと，子どもたちはインタビューを通して，様々なやることがあることに気づきます。

▶Point
　プライベートな内容を含むので，授業の意図や内容の扱い方などについて事前に保護者に伝えておくとよいでしょう。

3　生活時間をグループ分けして，特徴について考えさせる

目標　○家庭生活は家庭内の仕事によって成り立っていることに気づく
　　　　○家族の一員としてという視点で，自分の生活時間を振り返る

　生活時間を振り返る時間をとります。いきなり反省的に入るのではなく，生活時間にはどのようなものがあるのかを理解することから始めます。そのために，まずは自分と親の生活時間を3〜4つのグループに分けます。班や全体で意見を交流しながら，再度，自分と親の生活時間をグループ分けして見ていきます。その相違から，生活時間の特徴について考えていきます。

　生活時間自体を見せ合ったり交流したりするのではなく，生活時間にはそれぞれどんな目的があるのかを考えさせます。そのことから目的をもった行動の大切さ，家庭生活は団らんや仕事の分担等の家族の交流・協力によって成り立っていることを理解し，家族の一員としての自覚を深めていきます。

　家庭によっては時間的・空間的に一緒に過ごすことが難しい場合もあります。ここで大事なことは，「団らんの時間をつくろう」「手伝いをしよう」などとすることではなく，互いを思いやるための関わり方を考えさせることです。

教師：生活時間にはどのようなものがあるのでしょう。自分にも親にも通用する３つか４つのグループに分けて名前をつけてみましょう。

児童：食べる時間，寝る時間，社会的行動をする時間。

児童：自分のための時間，家族のための時間……。

児童：自分のためのなかに，寝る・くつろぐ時間と成長のための時間がある。

教師：どれも，「自分」と「関わる」という分類はありそうですね。

教師：グループごとに色分けしたら，どうなりますか？

児童：自分と家族は全然違う！　昼間は仕事と学校で同じ色だけれど……。

児童：家族と過ごす時間，家族がくつろぐ時間はあるのかな……。

【ワークシート例】

生活時間を見つめよう
何気なく過ごす時間にはどんな時間があるのだろう

名前 _____

●自分の生活時間

6：00	7：00	8：00	15：00	16：00	17：00	18：00	19：00	20：00	21：00	22：00	23：00	24：00

●おうちの人の生活時間（主に家事をする人）

6：00	7：00	8：00	15：00	16：00	17：00	18：00	19：00	20：00	21：00	22：00	23：00	24：00

●おうちの人の生活時間の工夫

●今の自分の生活時間は何点？

●家事はなんのために

●今後の自分に生かせそうなこと

4 過ごし方を得点化して，よりよい生活を計画する

●目的を意識して時間とのつきあい方を考えることができる

　得点化して自己評価をする前に，客観的な視点をもてるように資料（「第2回　放課後の生活時間調査－子どもたちの時間の使い方［意識と実態］速報版［2013］」ベネッセ教育総合研究所）を提示します。習い事などで忙しいと感じている小学生が多い反面，うまく時間を使えていないと感じている小学生が半数もいることを押さえます。

　つまり，やらなければならないという考え方ではなく，時間をマネジメントできるようになったら**自分のできることが増える**，という視点で授業を進めます。ですので，総合的な学習の時間などで**キャリア教育や目標設定，自分のなりたい姿など**を意識させる実践と連携しながら行うと効果も大きくなります。

教師：自分のなりたい姿に向けて，**何をすると，より得点が上がりますか？**

児童：家族より先に夕食をとって塾の課題をやっていたけれど，**順番を変えて一緒に食べる**時間をつくってみようかな。

児童：**したいことをまず決めて**，それ以外の時間を有効活用しよう。

児童：自分の**夢や趣味のために使う時間を大切**にして，少しでも時間をとろう。

児童：テレビを見ながらでも**家族と話す時間**は自分にとっては大切だなあ。

> **Point**
>
> 　**家族との生活も踏まえた上で，自分にとってよりよい生活になるように，前向きに時間の使い方を考えさせましょう。**

模擬家族と家族の思いで考える自分のあり方

　子どもは，自分自身が家族の一員として生活が確立していることは理解するでしょう。ですが，家庭生活のために，何に取り組めばよいかを考えたり，家事の分担や家庭生活をよりよくしようとしたりすることを意識することまでは難しいかもしれません。目線をいったん将来に向けることで，今のあり方を見直して実践につなげる題材を設定しました。さらに，男女平等社会に向けてあり方を考える授業にしています。

　実践の詳細は千葉大学教育学部附属小学校研究紀要（2017，家庭科）に記載されています。

１　模擬家族を１～３人で行う

　児童は親の生活時間に目を向けないものです。前題材でインタビューをしてはいますが，それは「自分ごと」ではないのです。親の立場で「ありたい生活・未来」のために，家族全員の生活時間を考えることで，「自分ごと」として家族のなかの自分のあり方を再度見つめ直すことをねらいます。

【準備】

　１～３人でグループをつくります。そこに，架空の小学校６年生のＡくん・さんを加えたメンバーを模擬家族とします。これは親との２人暮らし，３人暮らし，二世帯住宅での４人暮らしのほか，ルームシェア等も想定し，多様な家族のあり方を保障するためです。

【配付物・活動内容】

　家族の生活時間ワークシートを配ります。生活時間をつくる際は，まず働き方は全員フルタイムの働き方を前提にさせます。**将来望む生き方・働き方**

には，時間よりもやりがいを優先する働き方，定時で終わることを優先する働き方，パートタイム，家事専業などがあるでしょう。しかし，**将来の人口減の日本社会では家事専業は少なくなる生き方**（河合雅司　著『未来の年表』講談社現代新書，2017より）であることを押さえ，全員フルタイムが普通になることを踏まえて考えさせます。

生活時間をつくる際に参考にする代表的な家事（野々村友紀子　著『夫が知らない家事リスト』双葉社，2019より）と平均的な時間，その分担を記入できるようにしたリストを用意します。家族団らんの時間の項目もあるので，どのように一緒に過ごす時間をとるかということも考えさせます。上記の代表的な家事より具体的なものは，この後の保護者アンケートを受けて自分の行動を考える際に紹介します。

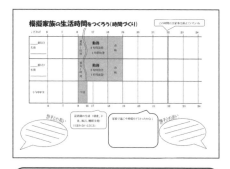

教　師：それでは，自分たちの**したい働き方・生き方**をもとに，小学校6年生を含めた**家族が素敵な日々を送れるような**過ごし方を考えましょう。

児童A：まず働き方だよね。2人ともフルタイムで働きたいんだよね。

児童B：そう，でもぼくは定時で帰ればいいから家事を中心にやろうかな。

児童A：私はバリバリ仕事をしたいけど家事もやるよ。分担を決めよう。

児童B：帰ってきてから夕食をつくるから，かわりに洗濯を任せていい？

児童Ａ：いいよ。朝洗って洗濯物を干そうかなあ。朝なら時間とれるかも。

児童Ｂ：じゃあ小学生には自分の分だけでもたたんでもらおうか。

児童Ａ：いいね。団らんの時間はどうする？

児童Ｂ：今つくった時間表だとほとんどないよねえ。でも，**夕食を一緒に食べたりテレビを見たりする時間を団らんにしたらいいんじゃない？**

児童Ａ：私が仕事で遅いかもしれないから，**朝食と，夕食後のテレビの時間は一緒に過ごせるようにしたいなあ**……。

　児童は**親の生活の仕方を前提に考えがち**です。それ以外の生活モデルを知らないからです。異なる生活環境の友達と一緒に，親の立場になって生活を考えることで，様々な生活モデルが考えられ，そこには**多様な価値観が存在**することを体験的に学びます。

2　分担の理由や小学校６年生のあり方を交流する

目標　○家事の分担や考え方の交流を通して多様な家族のあり方を知る

　家庭生活は，児童の環境によって様々です。しかし，どの児童にとっても今ある環境をよりよくしようと考えることは，今そして未来の生活を変えることになります。交流を通してそんな気づきを深められる授業にします。

児童：男２人で組んだけど，同じくらい家事を分担するようにしました。でもフルタイムだから，夕食は買ってすますようにしました。

教師：**サービスを使う**ということも選択肢のひとつですね。

児童：ぼくは１人で考えたんだけど，やることが多すぎて大変だった。

児童：こっちは３人だったけど，分担して自分の時間を多くとれたよ。

児童：２人だったけど２人ともフルタイムだと意外に時間がないなあと思った。だから，**６年生にできることはしてもらったよ。**

教師：**家族の人数，家事を行う人数によっても違います**ね。

　家事はすべて行わなくてもよいのです。**サービスによる代用**なども，特に２人ともフルタイムの際は考えられます。そのような選択肢も示しつつ，生

き方・家族の生活には正解がないこと，男女の性を理由に分担を考える必要はないことなどを児童が考えた内容をもとに紹介していきます。

3　おうちの人のアンケートのランキングを提示する

目標　○家族の思いをもとに，家庭内の具体的なあり方を考える

　事前に保護者に家庭生活に関するアンケートを配り，その結果を提示します。個別に親から子へ手紙を渡すことも考えられますが，「不満の言い合い」の材料になっては意味がありません。してほしいこと・家事のランキング，具体的なメッセージを紹介します。

　多くの場合，家族は家庭内の仕事を担うよりも，**家庭のルール**（脱いだ服はカゴに入れる等）を守り，**自分のことを自分でしていれば**（自分の生活スペースの片づけ等）**満足**という回答が多いです。家族の思いを聞いた後，自分のあり方を考えさせ，日々の実践につなげさせます。

教師：（おうちの人の手紙を読む）習い事で忙しいのはわかるけれど，自分の服は片づけてほしいな。**将来自立できるように**，今から，ね。

児童：これ私だ〜。言われないけど絶対そうだよ。

教師：仕事が忙しいとき，洗濯物のとりこみ・たたみありがとう。これからも協力してやろう。その分，休みの日はたくさんいい思い出つくろうね。

児童：素敵！　そんな人も私たちのなかにいるんだね！　6年生だもんね。

児童：感謝の言葉言われたいなあ。前やった**実践**を続けられるようにしよう。

児童：少しのことでも，**できることから始めてみようかな**……。

【A　家族・家庭生活】 ⑴ア　時間数：3時間

未来の私の生き方を考えよう
キャリア，夢，ジェンダーバイアス

　キャリア教育において将来の職業を想像させるという活動はよくあります。しかし職業生活以外の時間は家庭生活の時間であり，その時間をどう生きたいかを考えるキャリア形成の授業は，ほとんどの場合高校まで行われません。よりよい生活のために，人生のために，この題材を小学校からやる意味があると考え，設定しました。**模擬家族実践などと連携できます。本実践は千葉大学教育学部附属小学校研究紀要（2018，家庭科）に掲載されています。**

1　家庭科におけるキャリア形成とは

　キャリアというと難しく感じてしまいますが，将来どんな家庭生活を送りたいか，そのために今何ができるかを考えることを目的としています。例えば**家事は誰がやるべきか**，男女の働き方は，仕事と家庭の時間のバランスは，**家族のあり方とは**，というような内容を考え交流していきます。

　何も手立てを講じなければ，生まれ育った親の価値観・家族観と同じ，もしくは反面教師の考え方しかできません。変化の激しい社会のなかで将来の生活をつくる児童にとって，1つの狭い選択肢しかないのは危険です。友達と意見を交流し，社会の現状を資料から読み取り，**自分たちの今後の生活には様々な選択肢があることを学ぶ機会が必要**なのです。

2　総合キャリア教材「マイライフ」

　キャリア教育で育む資質・能力のうち，学習指導要領の特別活動の内容の⑶で目標とする，自分のあり方・生き方や自己の認識・自己形成・自己実現

に関わる資質・能力は，家庭科の家庭生活についてで育む資質・能力と親和性が高いです。

そこで，総合キャリア教材「マイライフ」を作成しました。これは，自分の生き方は自分で切り開くことに焦点を当てて，「自己・将来・夢・職業・家庭」を中心テーマとし，カリキュラム・マネジメントの視点で家庭科と特別活動や総合的な学習の時間において，目標設定・キャリア教育を行うことを目的とした題材です。

この題材は，①価値を捉える，②自らを振り返る，③自分がしたいことを考える，の３つの段階に分かれています。以下，簡単に説明します。

【総合キャリア教材「マイライフ」における３段階の流れ】
①価値を捉える
　自分は自分で変えられ，自分の道を切り開くことができることを捉えます。自分の思いによって行動・結果を変えられることを捉えることで，意欲面・認識や行動に変化をもたらします。

②自らを振り返る
　自分の環境や自分の思い，行動を振り返ります。これは，周りの家族や友達などからしてもらっていること（資源）を捉えることでもあります。これからの行動計画のために必要な準備段階となります。

③自分がしたいことを考える
　思いをもとに，目標（夢）を実現するために行動に移します。例えば，今日できること，今週できることなどから，夢の実現に至るまでの道を捉えることで，何にどう取り組んでいくか考えることができます。

特に①の自ら道を切り開くことの価値を捉えることは，学校教育全体を通して必要です。授業としても合科的に行い，その後，家庭科の授業につなげます。家庭科では，３つの段階を踏まえて，以下の３つを児童が自覚できるように授業を構成しました。事項以降では授業の実践内容について紹介します。

```
【家庭科授業の内容（3つの自覚）】
自覚❶  自分の能力，していることを振り返る（②の振り返りの段階）
自覚❷  家族の思い，してほしいことを考える（②の振り返りの段階）
自覚❸  自分が家族のためにできることを考える（③の計画の段階）
```

3 まずは合科的に「マイライフ」を行う

　まず授業の目的を，自分の設定するゴールのために，自分を好きになり，未来にワクワクするというポジティブワードで示し，「やりたい」につながるように意欲化を図りました。

```
【この授業の目的】
最高のゴールを迎えるために
      ↓
①自分を好きになる！
②未来にワクワクする！
```

【自分を変えるのは自分ということを認識する】

　2つのあみだくじを提示しました。ゴールにはやく行きつくのは？と問い，夢や目標が明確にあるから道が決められる。夢はいくつでも設定できるし変更できる，という話をしました。

　また，本田圭佑，イチロー，大谷翔平選手の小学生のときの卒業文集に書かれている目標設定の文章等を紹介し，児童に目標が意識できているから努力できることを捉えさせました。

【目的の明確化】

【周りとの関係性を認識する】

　夢や仕事とはそもそもどのようなものなのかを捉えさせ，自分の周りにある環境を意識させるために，「50のハッピーみつけ」を行いました。

児童：例えば，ものをもらったとか？

児童：勉強を教えてくれることもそうだよね。

児童：全然埋まらないよ〜。

教師：よかったことをよりよくするのもそうだけど，なくて不便とか困ることも，すべてあるとハッピーなものだよね。

児童：学校で勉強を教えてくれることだってそうだ。

　児童は，社会はお金をやりとりしつつ，みんなやってもらったりしてあげたりという関係にあることに気がつきます。さらに人をうれしくする・困りごとを解決することが仕事になりうるということを知り，夢や目的・目標を考え始めました。

　また，夢にはすぐかなえられる夢もあることに気づき，イメージを捉え直していきました。

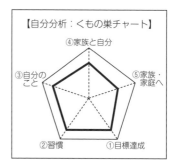

4　現在の自分を見つめる

　できている自分をイメージしたり，どんな自分のあり方がよいか考えたりして，計画・実践していく価値を捉え始めた段階で家庭科でも日頃の自分を振り返る活動を取り入れていきます。

【くもの巣チャート】（自覚❶❷❸）

　自分の家庭生活の行動を可視化させるため，自己評価させる項目を示し，得点化してチャートにする活動を行います。

　学級で統一した質問項目が可視化されることで，児童は自然と家庭の自分の行動について周りの友達と交流します。

【自分が「されていることを認識」幸せ探し（家庭科）】（自覚❷）

　授業後に宿題として，家庭生活でうれしかったことや家族がしてくれたこと，いいなと思ったことなどを30個リストアップする課題を出しました。

　「全然思いつかない」という反応もありますが，2週間くらい期間をとって

継続的に意識させることで，家庭生活を意識的に捉えられる児童が増えます。

【なりたい私ロジックツリー】（自覚❸）

　自分の夢やありたい姿が描けるようになってきた児童に，自分の家庭生活における夢・目標の達成のための下位目標や，その優先順の関係を可視化させるために，ロジックツリーを用います。**上位にありたい姿を書き，下位にその実現のための小目標，さらに細かな手法を書くという形のツ**リー型にすることを伝えます。細かく段階的に考えることができる形式にすることで，日々の具体的な目標設定・行動につながることを意図しました。

　・お母さんを楽にしてあげたい→家族に料理をつくれるようになりたい
　　→→味も見た目も完璧にする，みんなに評価をしてもらう
　・家族のためになることを1日1回→手伝いを考えてする
　　→→家族のありがとうを聞く，片づけ・洗濯を率先してする

（児童のワークシートより）

【毎週振り返るプランニングシート】（自覚❷❸）

　総合的な学習の時間の「マイライフ」で，将来のあり方・仕事や夢の実現のための目標設定等について扱いました。同時に家庭科では，家庭生活における自分のなりたい姿の目標を設定させ，プランニングシートに記述させました。毎週達成度の振り返りと具体的な目標・計画を書くように促しました。目標は「少しがんばればできそうなこと」とし，無理な目標を設定しないこと，ロジックツリーの細かい目標を参考にすることを伝えました。主に自覚❸を意識した家族の一員としての実践計画を考えさせました。

　家庭実践スキルで紹介したように，**毎日朝の会などで振り返りの機会を設けるだけでも大きく違います**。簡単なものから導入できるようにすると教師

にも児童にも負担なくできるでしょう。

5 将来のあり方を通して，今のあり方を考える

　5年生で総合キャリア教材「マイライフ」を導入し実践を継続しながら，6年生では模擬家族実践や，以下に示すジェンダー・家族役割観バイアスに気づかせる内容などを取り入れていくと効果的です。

【ジェンダー・家族役割観バイアスに気づかせる授業】

　これまでの家庭科で培った知識や考え方を再度見直し，深い学びを目指す内容ですので6年生の後半での実施をおすすめします。児童は，友達と意見交流，実践の紹介をし合っていても，相手の家族観・環境までは理解しないものです。そこで，児童の「当たり前」に焦点を当てた内容を扱います。

> 　父親とその息子が乗った車が交通事故にあった。
> 　2人とも重傷で別々の病院に救急車で搬送され，緊急手術をすることになった。息子の手術を担当する医師が到着するなり，青ざめた顔でこう言った。
> 　「手術することなんてできない。この患者は私の息子です」

児童：え？　どういうこと？　だって事故にあっているんでしょ？

児童：何かのひっかけじゃない？

児童：え？　ひっかけてないよ。むしろ普通に読めたよ。

児童：わからない！　事故にあった後，手術しなきゃいけないんでしょ……。

　ここで，違和感なく読めた児童から説明を聞きます。比較的多くの児童は，医師が「男である」と無意識に思っており，説明を聞くと納得します。

教師：別の見方，より広い見方ができる方が便利ですよね？　自分がどんな
　　　考えをもっているのか，それを見つめる授業にしてほしいなと思いま
　　　す。

　解説後，2択を中心とした質問が書かれたワークシートに考えを書いてもらいます。回答後に選んだ理由を話し合います。児童は自分の家族が当たり前だと思っていたことが意外にもそうではないことに気づきます。何が正解

というものではありませんが，将来労働者人口が減り，共働きがより進むであろうことを伝え，**将来は，今の考え方では時代遅れになることを伝えます。**

【ジェンダー・家族役割観バイアスに気づかせる質問】
・将来仕事を選ぶときに男女差別されるのはおかしい
・女性の方が家事に向いている
・結婚したら男は家族を養うものだ
・結婚しパートナーができたら，稼ぎの中心はどうなるべきか
・子育てがあるために女性の給料が低く設定されるのはおかしい
・家事は家族のなかで得意な人に任せるべきだ
・家事分担や役割は年齢や学校・働き方の変化で変わるべき
・小学生・中学生には，家庭ですべき家事や仕事がある

6　授業参観では日々の授業を連鎖的に取り入れて

　家族の思いを知ることで，より意味のある目標設定になります。授業参観などを利用して，保護者に目標設定のサポーターになってもらい，児童の目標を聞いて，家族のなかでどのような存在になってほしいかを語ってもらいます。普段面と向かって聞く機会がないこともあり，保護者の言葉に積極的に耳を傾けている児童が多いです。この授業以降も，日頃している実践等について継続的に授業で取り上げていきます。

【参考文献】
・田中博之　監修『小学生のための生活習慣力アップノート』日本能率協会マネジメントセンター，2018〈くもの巣チャートの質問項目作成にあたって〉
・大嶋祥誉　著・青木健生　シナリオ・石野人衣　作画『マンガで読める　マッキンゼー流「問題解決」がわかる本』SBクリエイティブ，2015〈ロジックツリーの実践にて〉
・星野けいこ　著・浅倉ユキ　監修『自分で考える子になる「こども手帳術」』日本実業出版社，2016〈プランニングシート作成にあたって〉
【協力者】
・高野龍一：自ら人生を切り拓くことを中心に，目標設定・キャリア教育のほか，ウェディングプランナー，親教育，恋愛セミナーなど多岐にわたり活動している。「マイライフ」作成にあたり骨格の授業プランなどを多数提供。駒澤大学非常勤講師，株式会社from Family代表取締役社長。

家庭実践は仕事にしなければならないか

Q　家庭実践は，手伝いではなく仕事としてやらせなければいけませんか？

　学習指導要領には，実践的・体験的という記述がありますが，**仕事にしなくてはならない**という記述はありません。そもそも家庭実践は，家族や家庭環境を見つめ直し，考えを聞いたり深めたりと，「よりよい家庭生活」や「家族の一員としての自覚」のために行うことが目的のはずです。

　ですから，目的や内容に合わせて，「お休みの日に家族と一緒に調理をしてみよう」「服の洗濯から収納までで，1つスキルを身につけてこよう」など，**手伝いのなかから学びにつなげること**だってよいのです。

　教科書には，家庭生活のなかで家事を自分の仕事にしていこうという内容のものもあります。これは，発達段階や家庭科の学びのなかで，児童が「してもらう」存在から「一緒に行う」存在へと変わっていくことを自覚させるためでもあります。近い将来の自立，家庭をつくる側のことを考えると，ぜひ1つでも仕事にしてほしいところですが，家庭環境によってできることに違いもあるでしょう。**大事なことは，家族の一員としての自覚です。**家庭科だよりなどで家庭に協力を仰ぎながら，少しずつ仕事・実践を増やしていきたいものです。

　「家事」や「仕事」といいますが，「誰かの，時間や資源，手間をより使うこと」が家事を増やす場合もあります。例えばソファに靴下を脱いだままにすることです。「靴下を決められた仕分け通りに片づける」。これだけでも，**家事をしてはいませんが，家事を減らすことにつながります。**意外にも，そのようなことは無数にあります。トイレットペーパーの芯をそのままにしない，こぼしたら拭く，それだけでも家族の一員としての自覚をもつことになるのです。

おいしさを感じよう
３つのヨーグルト

　「食」の題材すべてがつながるように意識し，おいしさをつくる側になるという意識をもたせるための実践を行います。ここでは，まず「おいしさ」とはどんな要素から成り立っているかに気づくことができるようにしました。

　本実践は佐藤雅子氏・石井克枝氏の実践を参考に取り組みました。

【参考文献】佐藤雅子・石井克枝　著「フランスの『味覚教育』を取り入れた調理学習の検討」
『日本家庭科教育学会誌』2014年第57巻第2号，85～93ページ

1　「おいしさ」を意識する価値

　家庭科室調べ等の後，すぐにコンロの使い方などの調理に入ることも多いと思います。児童は食べられる調理実習が好きですが，ただ「楽しい」で終わってしまうのはもったいないです。また，調理実習ごとに別々の学びをしていては，食材や調味料が変わってしまったらつくり方がわからない，ということになってしまいます。

　本題材では，「おいしさ」について体験的に見つめ直し，おいしさの成立要素について捉えることを意図しています。**おいしさの要素で最も意識されやすいのが，味や香り，色です。**これらは複合的に関連しているので，例えば香りが異なるだけで味まで違うものに感じるなど，どれかの要素が変化するだけでまったく異なるおいしさを感じるものです。本実践のおいしさの構成要素に気づく体験的な学びを通して，調理場面で要素を意識して自分なりのおいしさをつくろうとする態度につなげていきます。

2　3つのヨーグルトを試食する

目標　○おいしさを構成している要素を考えることができる

　　　　○味や香り，色をもとに自分なりのおいしさを捉えることができる

【準備】

　3種類のヨーグルトを事前に準備するために，以下の食材を用意します。

ヨーグルト：加糖タイプ180ｇ×3パック

食用香料：ストロベリー，レモン

食用着色料：赤，黄

　香料に含まれるエタノールで若干苦味を感じることがあります。比較の際，味の差を感じにくくするために，**ヨーグルトは甘味がついているもの**を選びました。

　香料は，甘味と酸味をそれぞれ連想しやすいものにしました。着色料は，食べることに抵抗がなく，**香料を連想しやすい色**を選びました。また，**液体タイプの方がヨーグルトに混ぜる際，扱いやすい**です。香料・着色料はともに少量しか使いませんので，1つ用意すれば学年で使用できます。

　香料と着色料を以下のように組み合わせて3種類（A～C）のヨーグルトをつくり，班ごとに試食できるように分けておきます。少量でも香りが出やすいので，ラップをしておきます。

	A	B	C
香料	ストロベリー	レモン	ストロベリー
着色料	ピンク（赤）色	黄色	黄色

【授業場面】

教師：次回から「調理」を行います。そのために大事なことを学びます。

教師：みなさんは，どんなときに「おいしい」って感じますか？

児童：好きなものを食べるとき。　　児童：甘いものを食べるとき。

教師：甘いものが好きな人もいれば，しょっぱいものが好きな人もいますね。

児童：五味っていうんだよ。

児童：これからは七味になるかもしれないんだって。

教師：よく知っていますね。どんなおいしさかよく感じてもらいます。まずは自分が感じたことを捉えた後，近くの人と話してみてね。

児童：Aの味が甘くて好き。　　児童：私はBが好き。

児童：甘さは変わらなくない？　　児童：えー？　ウソだあ。

児童：Aは甘さがずっと続く感じ，濃厚。イチゴのにおいが続く。

児童：Bはレモンの香りがしてさっぱり食べられていいな。

※混乱を避けおいしさをよく感じさせるため，AとBを試食後Cを配ります。

児童：Cはなんだろう？　Aよりは甘さは薄くて黄色……バナナかな？

児童：え？　桃でしょ？　でも味は違うかな？　難しいね。

教師：いろいろなおいしさを感じられましたね。

　児童は自然に感じたことを班のなかで交流します。全体で共有し，見た目，香り，味に分けて板書するとまとめやすいです。

【板書例】

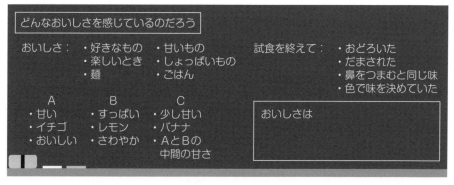

【参考文献】石井克枝・ジャック・ピュイゼ・坂井信之・田尻泉　著『ピュイゼ　子どものための味覚教育　食育入門編』講談社，2016
　　　　　〈味覚教育：ジャック・ピュイゼ氏が提唱する教育。日本でも幼児期の実践や学校の実践で広がりをみせている〉

3　おいしさ・味について捉え直す

目標　○試食からおいしさを成立させている要素とその関係がわかる

教師：A・B・Cのおいしさを感じましたね。実はこれ……すべて同じ味なのです。

児童：え⁉　でも先生，Bはすっぱいですよ。

児童：だまされた〜。だからCが何かわからなかったのかぁ。

教師：ためしに目をつぶって，鼻をつまんで食べてみようか。

児童：本当だ！　全部同じ！　鼻をつままないと一気に味が違ってくる。

児童：なんで〜？　だって絶対違うはずなのに。

児童：色とか香りで決めていたってことかな？

児童：そういえばファンタとかかき氷も全部同じ味って聞いたことある。

教師：どういうことかな？　違うおいしさを感じるのに……。

児童：においは別ってこと？

児童：見た目も別ってことじゃない？

教師：「おいしさ」という言葉と「味」という言葉の違いを考えてみようか。

　班や近くの人と再度話し合い，まとめを考えさせます。「おいしさ」と「味」は同じだと思っていた児童が，「おいしさ」を捉え直すことを目指します。

> **▶ Point**
>
> **味と香り，見た目が影響し合っておいしさをつくっています。**

　本時では，味，香り，見た目（色）というおいしさをつくる要素を意識させました。食の題材ではおいしさをつくる要素を他にも取り上げます。

温度と時間がおいしさを変える
お茶をおいしくいれよう

　「コンロの火をつける」ことも初めての児童がいます。そんな状態でも，「火加減」と「時間」がおいしさを変えるということを体験的に学び，おいしさをつくる調理の要素の習得につなげます。

1　「おいしさ」の調理の要素を感じやすいお茶

　前回，ヨーグルトの題材で「おいしさ」に見た目，香り，味が関連していることを学んでいます。今回も試飲し体験的に違いを感じるところから，調理の要素のうちの「火加減（温度）」と「時間」（2章参照）に焦点を当て，どのようなおいしさをつくりたいかを自ら考えられるようにします。

　お茶は，高い温度でいれると香り成分が豊かに得られます。しかし，苦味成分と渋味成分も出やすいです。逆に玉露のいれ方のように，甘味成分は温度が60度程度の方が出やすいです。ですので，一般的には少し冷まして苦味が多く出る前にいれ終わるようにします。児童がいれるお茶でも変化がわかるので，調理の基礎を学ぶには絶好の題材です。

【参考文献】山西貞　著『お茶の科学』裳華房，1992

2　2種類のお茶を試飲し，おいしさの違いに気づく

目標　○香りや味等に着目し，おいしさの違いに気づくことができる

　2種類のいれ方が違うお茶を試飲して比較させます。たかがお茶と思っていた児童が，されどお茶と感じるようになります。

【教材準備】

　温度と時間を変えていれたお茶を２種類用意します。１つは98度で50秒で，もう１つは60度で５分でいれます。電気湯わかしポットの保温機能を使い前日からお湯を用意しておくと，朝一で希望の温度のお湯を使うことができます。大きめの急須でいれたお茶を保温ポットにいれておきます。両方の温度が同じになるように片方を冷ましておきます。

【授業場面】

教師：まずお茶を飲み比べてもらいますね。どうおいしさが違うでしょう。

児童：また何かだまされるのかな？　　児童：しっかり感じてみよう。

教師：おいしさは，どういうところで感じられたかな？

児童：見た目と，香りと味！

※その他，舌ざわり，食感，雰囲気なども認めます。

教師：では，その観点でどういうおいしさを感じたか教えてくださいね。

児童：あ，これは違う！　全然違う。お茶の種類が違うんでしょ。

児童：お茶っ葉が違うのかな。**片方は砂糖が少し入っている**とかじゃない？

教師：どう感じましたか？　では，観点ごとに聞いていきますね。

児童：Aの方が**香り**ではおいしそうと思ったのに，味がなかったの。

児童：そうそう，逆にBはおいしくないのかなって思ったら**甘味**を感じたよ。

教師：では，今回も秘密を明かします。お茶っ葉が……同じなんです。

児童：えー!!　またやられた。どういうこと？　でも味は絶対違うよ。

児童：もしかして，いれる温度じゃない？　聞いたことあるよ。

教師：実は，この２つのお茶は同じ茶葉で，温度と時間を変えていれました。

児童：いれ方が違うだけでこんなに味が変わっちゃうの？

> **Point**
>
> 　おいしさをつくるには「火加減（温度）」と「時間」を管理します。

【板書例】

| おいしいお茶はどういれればよいか | お茶のおいしさをつくるには，
＿＿＿＿と＿＿＿＿を管理する |

2つのお茶

	A		B
・色が薄い	目	・少し色が濃い	
・香りが強い	鼻	・少し香りが薄い	
・薄い，少し苦い	舌	・甘い，しっかりした味	
→98度，50秒		→60度，5分	

お茶のいれ方：教科書○○ページ
沸騰→湯のみで冷ます：甘み，香り
火加減：鍋に対してで決まる！

　お茶の香りと甘みについて，本実践では，『お茶の科学』（山西貞　著，裳華房，1992）に記載されていた情報をもとに実験を行っています。95度を超えると苦味の割合が多く，80度くらいまで温度を下げると甘みの割合が少し増えるとされています。お湯を一度冷ましていれるのはこのためです。また，番茶・煎茶・高級煎茶などによっても甘みの割合が違うため，高級煎茶・玉露ほど，温度を60〜70度と低めにしていれるのがよいようです。

3　火加減（温度）と時間を意識してお茶をいれる

目標　○火加減と時間を意識してお茶をいれることができる
　　　　○自分のおいしさを考え，温度や時間を調整しようとする

教師：ではみなさんも試飲したAとBを踏まえて，おいしいお茶をいれてみましょう。

児童：98度の方は味がものたりなかったから温度は下げた方がいいんだね。

児童：でも，毎回温度計を使ってお茶っていれる？　面倒でしょ。

教師：いいところに気がついたね。お茶のいれ方にその工夫が隠れているよ。教科書の○○ページを見てみよう。

児童：工夫？　沸騰させて……あ！　いったん湯のみにお湯を入れているよ。

児童：うちもやっているよ！　この方法で温度を下げているってこと？

教師：だいたいこれで80度くらいになるんですよ。

こうすることで，子どもたちは教科書に載っているお茶をいれる**方法の**「意味」を理解することができ，おいしさをつくるという意識が芽生えます。最後に班ごとにお茶をいれますが，その前に火加減についても学びます。

教師：お湯をできるだけはやくわかすには火加減はどうしたらよいでしょう。

児童：強火！　当たり前だよ。

児童：強火だから，最高までひねるんじゃないの？

教師：では，この２つの鍋を見てください。使うとき，２つとも同じ強火？

児童：小さい鍋は大きい火じゃなくていいんじゃないかな。むだになりそう。

教師：**鍋の大きさによって，必要な火の大きさは変わるよね。**だから，強火ってこれくらいっていうのはないんだよ。鍋の大きさで強火の大きさが変わるんだ。

教師：さらに，どちらのコンロを使う？

児童：え？　コンロはみんな同じじゃないの？

児童：よく見ると，火力が違うよ。

教師：そうですね。火加減について学習します。鍋全体を覆うのが強火。それ以上だと影響はあまり変わらないのに，むだが増えるのです。

児童：実際にやってみたい！

教師：いいですね。実際に隣の班と比べながら，どのくらいならむだなくできるか考えながらできたらいいですね。

　このように，火加減についても**実践的・体験的に学習しながら，**おいしさをつくる体験をすることで，都度指示をしなくても火が強すぎて材料や取っ手をこがす子が大幅に減ります。また，おいしさをつくる調理の要素を考えて取り組むことができるようになります。

ゆでるって？
青菜で最高のおいしさを求めて

　調理技術を学ぶ第一歩の「ゆでる」題材です。最初はシンプルなものになってしまいますが，おいしさをつくる火加減（温度）と時間を意識させつつ，そこに「やりたい」という気持ちを上乗せする工夫を考えました。

1　ゆでる意味を考える　3種類のほうれん草から

目標　○見た目や味等に着目し，おいしさの違いに気づくことができる

　生のほうれん草と2種類のゆで方の違うほうれん草を使い，見た目や試食等での比較を通しておいしさの違いに気づかせます。

【教材準備】

　差を感じられるように，ゆでるほうれん草は，ゆで時間を30秒と10分の2種類にします。10分ほどゆでたほうれん草は葉が溶け始めるくらいになります。生のほうれん草をＡ，30秒ゆでたほうれん草をＢ，10分ゆでたほうれん草をＣとします。

【授業場面】

教師：ほうれん草が3つあります。それぞれ感　　　　　じてみましょう。

※感覚マーク（「実習授業のスキル」参照）を　　　用いて感じ方を意識させます。

児童：「目」は……Ａは明らかに生でしょ！

教師：生って見た目でどうわかるかな？

児童：**大きい！**　ゆでたときより**色が薄い**よ。

児童：ＢとＣは**色が濃い**よ。でもＣは**ボロボロ**になっているなあ。

教師：（「指」や「鼻」を終えて）……では「口」はどうかな？

児童：先生！　Ａも食べるんですか？　生で食べられるんですか？

教師：苦味が多いかもしれないですが，食べてみたい人はどうぞ。

児童：わあＡは苦い！　Ｂも少し感じるなあ。苦くないＣはべちょって感じ。

教師：自分が調理する場合，自分にとっておいしいゆで具合はどれくらいかな？

児童：シャキッとしているＢがいいな。

児童：Ｂよりやわらかい方がいいな。

教師：Ｂは30秒，Ｃは10分ゆでたものでした。Ｂよりもう少しやわらかくしたい人は，どれぐらいがいいでしょうね？

児童：Ｃはやりすぎだから，少し時間を延ばしてみようかな？

教師：**前回を踏まえると**（お茶の授業），どうしたらおいしさがつくれそうかな？

児童：「温度」は，ゆでるから沸騰（100度）させるんじゃないの？

教師：そうですね。ゆでた後も熱いよね。水はなぜ使うのでしょう？

児童：ゆでた後も加熱しちゃうから，「時間」を止めるためじゃない？

> **Point**
>
> 　前回の授業の「火加減（温度）」と「時間」がおいしさをつくることを意識させて，ゆでる調理につなげます。

【板書例】

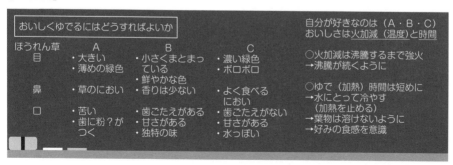

2　包丁・調味時間とゆでる時間を分けて安全に学ぶ

目標　○火加減と時間を意識してゆでられる
　　　　○自分のおいしさを考え，ゆで時間を調整しようとする

　個別調理をします。これは，人によっておいしさが異なり，自分のおいしさをつくるという意識をもたせるためです。ペアになって互いに助言します。ゆで水は2人とも同じ水で行い時間を短縮します。

　また，包丁を出す時間を制限し，調理に不慣れな児童の安全面に配慮します。すべてを最初に指導しないことで，覚える事項を少なくし集中させます。

教師：試食を踏まえて，ほうれん草を自分なりにおいしくゆでましょう。包

　　　丁で切るのと味つけは後でみんなでやります。（師範を見せます）

児童：水に入れると色が鮮やかになった！

児童：けっこう力を入れて絞るんだね。

児童：一気にかさが減ったね。

教師：かさが減れば，栄養もとりやすいですね。

教師：では，ここまでをやってみましょう。

3　時間を意識した包丁の扱い方

目標　○包丁の安全な扱い方がわかる
　　　　○食材を包丁を用いて切ることができる

　初めて包丁を使わせます。まずは事故がないように，包丁ケースを使って運ばせ，包丁が調理室に出ている時間を減らすことで安全面に配慮します。

教師：ケースに入れて運び，まな板の上では包丁の
　　　刃を自分の反対側に向けて置きます。縦に置
　　　いてしまう人が多いのですが，なぜダメなの
　　　でしょう？

児童：ケガをしてしまうんじゃない？

児童：ぶつかって落ちちゃうから。

教師：そうです。次に，包丁で食材を押しつぶして切りません。力が入らないからです。スッと奥に押しながら切ります。(「実習授業のスキル」参照)

教師：使ったらすぐに洗い，拭いて片づけます。包丁が出ている時間を減らすことで事故を減らせます。今回は油がないので洗剤もいりません。

4　自分のおいしさをつくる調味料コーナー

目標　○計量スプーンでの計量の仕方がわかる

　　　　○つくりたい量に合わせて適切にはかることができる

　ゆでる際に，はやく終わった児童は，計量を先にすませておくのもよいでしょう。

　班でつくりたいものを確認して，人数分用意させると効率的です。

　つくれる味は「秘伝レシピ」として提示します。各自で必要な量をとり，混ぜ合わせたら，ゆでたほうれん草に和えさせます。普段食べ慣れていなくても，**多くの子が酢みそ和えやごま和えのおいしさに感動**します。

5　「家でやってみたい！」につなげる秘伝レシピ

　レシピには比率（6年生の算数で学習）を書いておき，「○杯分」と伝えます。そうすれば，家庭で実践する際に量が増えても対応することができます。レシピ配付の際は，「これは秘伝だから，二度は配付しないからね」と伝えます。今回やらなかった味を家で試してみたい！という児童も出てきます。

だしの違いがみそ汁の違いに
世界に１つのみそ汁づくり

　ユネスコ無形文化遺産に登録された「和食」。その中心となるものが「だし」です。子どもたちは，だしを使ってつくられた料理は身近にあるけれど，だしそのものがどのようなものなのかわかっていません。だしとみそとの出会いを通して，自分だけの世界に１つのみそ汁づくりをしていきます。

1　だしって何？　2種類の比較から

目標　○香りや味等に着目し，だしの特徴に気づくことができる

　だしとはそもそもどういうものなのかを捉えさせます。子どもたちは「おいしいもの」と捉えていますが，実際は塩味がないためだしだけではおいしく感じない児童もいます。しかし，みそとあわせることで「旨味」によるおいしさを感じ，だしの必要性について理解していきます。

【教材準備】

　和風だし（顆粒）をお湯に溶かしただし，昆布と鰹節でとった（顆粒だし
の原材料に合わせる）だしの2種類を用意します。和
風だしには塩分が追加されていますので，塩分濃度計
を用いて，同じ塩味になるようにもう片方にも塩を追
加します。朝や休み時間につくったものを保温ポット
に入れて準備しておきます。

【授業場面】

教師：だしってどんなものかな？

児童：和食に必要なもの。

児童：おいしくするもの，おいしさのかたまり。

児童：みそ汁に入れるもの，顆粒でササーッて。

児童：うちは，麦茶の袋みたいなのを入れているよ。

教師：そうですね，身近なところでは，みそ汁に入れるおうちもありますね。では，入れないとどうなるのでしょう。今日はだしってどんなものなのかを体験して学びます。

教師：A・Bの2つのだしがあります。試飲しておいしさを感じてみましょう。

※2つの湯のみを保温ポット前に持ってこさせます。教師がポットを押して，両方一気にいれると配付がすぐに終わります。

※感覚マーク（「実習授業のスキル」参照）を用いて感じ方を意識させます。

児童：「目」は，Aは茶色でBが金色っぽい！

児童：「鼻」は，Bがとても強い，いい香り。

児童：「口」は，Aの方が複雑な味。

児童：2つともあまりおいしくない。香りだけ。

児童：私はBが好きだなあ。昆布の味も強い。

児童：香りが圧倒的に違うよ。

教師：Aは和風だしの顆粒を溶かしたもので，Bは昆布と鰹節でとっただしでした。**香りが強い反面，味は薄いとかあまりおいしくないという人**もいましたね。だしは何のために入れているんでしょう？

2 具なしみそ汁作成・比較実験

目標　○**煮干しを適切に扱い，だしをとることができる**
　　　　○**みそ汁にしたときのだしの効果について理解する**

　煮干しによるだしのとり方を学習します。煮干しはだしのなかでは最も簡単に扱えます。具なしみそ汁をつくることで，だしをとる技能だけではなく，みそ汁にしたときのだしの効果（旨味や香りの増加）を体感させます。

教師：では，みそ汁にするとだしはどう変わるのか。各班でだし入りみそ汁

と，だしなしみそ汁を同量の水とみそでつくってもらいます。（煮干しのだしのとり方は師範を見せます）

児童：煮干しはちぎった方がいいんだ。

児童：頭と腹わたの細かいところまでとるんだね。

教師：どんな変化があるのか，比べてみましょう。

※煮干しの処理は全員に体験させます。

児童：だしありはおいしい。なんか香りが違う！

児童：なんか「おいしい味」になったよ，なぜ？

教師：みんなが感じた通り，だしはね，香りや味を変えるんだ。「旨味」という味がプラスされるんだ。（うま味調味料を味見させてもよいでしょう）

【板書例】

3　みそ汁計画と発注

目標　○食材に適した切り方を考え調理計画を立てる
　　　　○組み合わせを考えて実を決定する

　みそ汁の実（入れる食材）を個人で決めます。食材に応じたみそ汁のつくり方を身につけるため，根菜・葉菜・簡単に調理できる食材（加工肉や火がとおりやすいもの）から各1つ選ばせます。使える食材は希望数が購入の1単位以上になったものとします。（「調理：注文制・調理評価スキル」参照）

児童：実は何にする？　根菜はジャガイモにしようかな。

児童：私はよく家で出るダイコン，小松菜，豆腐にしよう。

児童：トマトってみそ汁に入れる人いるの!?　初めて聞いたよ!!

教師：では注文希望をとります。1人各分類から1つ，計3品ですからね。

教師：（挙手後）1単位になるように募集するか，他の食材を選びましょう。

児童：ねえ，はばのりおいしいよ。千葉県の名産だよ，みんな選ぼう!!

児童：1つ採用されなかったから試したことのない食材を選んでみようかな。

4　みそを選んでみそ汁づくり

目標　○計量スプーンでの計量の仕方がわかる
　　　　　○つくりたい量に合わせて適切にはかることができる

　調理実習当日は3種類のみそ（米・麦・豆）を用意しておきます。地域や保護者の実家によって親しんでいるみそも異なるものです。学校でつくっているみそがあればそれを使うという方法も考えられます。

5　交換みそ汁会

　調理実習は個人調理にします。**ミルクパンなど小さい鍋**があれば，蒸発が抑えられ，比較的簡単に1人分のみそ汁をつくることができます。少しだけ多めにつくり，できたみそ汁を**交換できるように**するのも面白いです。家庭や，地域によって様々な実，味，切り方のみそ汁があることを確かめられます。

米を食べられるようにする加熱実験

　指定題材の1つ，米の調理です。どうしても炊くことについての火加減や時間の丸暗記になってしまいがちですが，「炊く」とはどういう調理なのか，炊く以外の方法も考えて主体的に取り組むことで，炊く技能を身につけさせます。

1　米をどうしたら食べられるのか

目標　○米の調理に必要な要素を実験を通して把握する

　教科書に記載されている通り，おいしく米を炊くためには，火加減や時間，水量などを上手に調整する必要があります。しかし，米を鍋等で炊いている家庭はほとんどないため，いざ自分で炊飯をするとなると不安な顔をする児童が多いです。児童には，米の炊飯を「難しいもの」と思ってほしくありません。そのため，まずは最低限の米を食べられるようにする要素を伝え，**まずは米を食べられるようにする体験**をしてほしいと思います。

※油での調理は危険を伴いますし，「ごはん」とは異なってしまうので避けます。

教師：米を食べられるようにするには，どういう調理をしますか？

児童：それはもちろん「炊く」でしょう。

教師：「炊く」ね。炊くってどうすることなのでしょう？

児童：え？　詳しくはわからない……水を入れて加熱するんじゃない？

教師：では今回は，糊化させる条件をクリアできるようにして，調理方法は

いろいろ試してみましょう。どんな調理を試してみますか？

児童：じゃあ，うちの班は「ゆでる」をやってみる！

児童：水を少しずつ入れながら「焼く」をやってみる！

児童：「蒸す」でもやってみよう。先生教えてください。

児童：「電子レンジ」でやってみよう！

教師：では，調理方法が決まったところで，私から米がおいしくなるために絶対に必要な糊化（α化）の資料を渡します。

> 資料「米を飯にするには」
> お米が食べやすい状態になることを糊化といいます。水分を含んで糊化することで，もっちりとしておいしいごはんができるのです。
>
> 【糊化する時間】
>
> | 温度 | 必要な時間 |
> |---|---|
> | 60度 | 10時間 |
> | 70度 | 数時間 |
> | 90度 | 2〜3時間 |
> | 98度以上 | 20〜30分 |
>
> その温度に達するまでの時間が長いほどでんぷんが溶け出します。

Point

　米を食べられるようにする（糊化）には，適切な水分量で，98度以上で20分以上加熱します。

　糊化には，98度以上で最低20分が必要ですが，90度だとさらに時間が必要になります。「ふたをとるとよくない」のはこのためです。この知識さえ身につけておけば，米に芯が残ることはありません。

2　米の浸漬の有無を選択し，加熱実験を行わせる

　加熱実験をする際は，浸漬した米と，そのままの米を用意し選ばせます。（浸漬は夏場で30分，冬場で120分が目安ですが，児童はまだこの意味がわかりません。実験後に同じ調理方法でも食感が異なることから浸漬の重要性を理解させます）

教師：時間での米の変化の特徴を五感で捉えてくださいね。

※タブレットを配付し，写真を撮り変化の記録をまとめて提出させます。

児童：「焼く」いい感じじゃない？　こげそうになったら水をたしていけば，
　　　どうにかなりそう！
児童：「ゆでる」もいい感じ！　どんどんお米がふくらんでいくよ。

児童：「炊く」は，後で水をとばすから多めに入れようか。

【観察の様子】（児童にタブレットを渡し，写真・メモを提出させました）

児童：ん⁉　香りがいい！　ちょっとかたいかなあ。
児童：見た目がおいしくなさそう……だけど食べるといけるよ！
児童：なんかおかゆみたくなっちゃったなあ。

3　試食を通して，炊飯の各段階・加熱方法を意味づける

目標　○米の加熱方法に応じた味や食感の変化を知る

　試食を踏まえてそれぞれの結果を共有します。まとめの焦点は，「炊く」
がすべてではなく，水分量の調整（そのためにも浸漬）が必要であること，
それぞれの調理における米の変化の特徴を捉えることです。また，「炊く」
の各段階の意味づけを行い，火加減の調整の理由も理解させていきます。
教師：どの班も糊化する加熱時間をとれましたね。調理を振り返りましょう。
※各班から調理方法とその試食結果を発表させ利点・欠点をまとめます。

児童：「蒸す」は，香りはよくて，芯はなかったけれどかたかったです。

児童：「ゆでる」はふっくらというかやっぱりおかゆみたいな感じでした。

児童：「焼く（いためる）」はときどき水を入れました。味はいいけれど色が悪い。

児童：「炊く」をやってみたけれど，水が多すぎ（少なすぎ）でやわらかく（かたく）なっちゃいました。

児童：「電子レンジ」は外側がこげました。途中まではうまくいったのに。

教師：どれも「おいしさ」にはもう一歩ということですね。これらの調理はどれも世界にあるんですよ。（時間があれば，パエリアの焼く調理，東南アジアのゆでる調理，もち米の蒸す調理などを伝えます）

教師：教科書の「炊く」を見てみましょう。いくつかの段階がありますね。

※どの方法もやり方を工夫したり，米の種類を変えたりしておいしくすることができます。そのなかで，「炊く」は複合的な調理方法であることに着目させていきます。

教師：最初，水にひたすと米が大きくなっているね。次は，強火で沸騰するまでと書いてあります。ここがゆっくりだと，溶けておかゆみたくなっちゃいますね。

児童：次の**「中火」**はゆでると一緒じゃない？　うちの班もこうなりました！

教師：沸騰させ続けるため中火ですね。まずは米に水分を入れるんですね。

児童：次の**「弱火」**のときは水がないよ。ちょうど「焼く」じゃない？

教師：炊けている香りがし始める頃だね。ゆですぎると水っぽいですしね。火が強いとこげたり色が悪くなったりしてしまうね。

児童：最後の「蒸らす」は，「蒸す」と同じでしょう。

教師：なるほど。蒸すとどんなよさがありましたか？

児童：見た目と香りがよかった！　特に香りはとてもおいしそうでした。

教師：そうですね。鍋の中の水分が入って，つやもよくなるんですよ。みなさんの調理の**よいところ**をとっていくと「炊く」になるんですね。

【板書例】

米はどうしたら食べられるだろうか

米：炊くとは？　他の調理でもできるのかな？

【試してみる調理】
ゆでる　焼く　蒸す　電子レンジ

【注意】
糊化：98度以上で20分以上加熱
米を食べられるようにする加熱時間

【調理実験結果】
ゆでる　　：芯がない，やわらかすぎ
焼く　　　：おいしいけれど，色が悪い
蒸す　　　：かたいけれど，香りはよい
電子レンジ：外側がこげやすい，時間注意

→よいところをとったのが「炊く」

炊く：ゆでる→焼く→蒸す

4　ヨウ素液を使って米の「洗う」と「研ぐ」を理解する

目標　○炊飯の加熱方法の意味を踏まえて，調理方法を理解する

　米の精米技術が上がり，現在は米を研ぐ必要がなく，教科書にも「洗う」と表記されています。玄米を研いだ水（左）と，白米を研いだ水（右）を用

意します。似たような白い水ですが前者はぬか，後者はでんぷんであり，ヨウ素液を用いると後者が濃い青紫色になります。**白米を研ぐと栄養であるでんぷんが流れ出ていることを理解させます。**

教師：おうちではお米を研いでいますか？

児童：白いのがなくなるまで研いでいます。「ぬか」をとるんだって。

教師：そう，でも今は研がなくていいんですよ。

教師：この実験を見てみてください。

児童：え？　じゃあ研いだら，栄養のでんぷんが出ちゃうってこと⁉

教師：そうなんです。もう今は研がなくていいんだと，教えてあげてね。

※ぬかはにおいのもとなので，とる必要があると簡単に説明しました。

▶ **Point**

　可視化することで，ただの習慣に科学的根拠を加えます。

5 班で炊飯，そして各自の寿司ケーキによるテスト

　班でガラス鍋での炊飯実験を行い，各段階の米の変化を再度捉えます。その後2人1組で炊飯テストをします。**1合分の米なので調整が難しく，五感を使って火加減を調整する必要があります。火加減の各段階の意味，糊化する時間を踏まえて**行わせます。ごはんが続くので，楽しさを加えてアレンジします。すし酢を混ぜ，ピーラーで野菜をむいて薔薇のように飾り，寿司ケーキにしました。「酢飯」づくりも，家で手伝っていなかったり，そもそも家で酢飯が出なかったりする児童も少なくないようです。その後，家庭実践する児童も多くいました。

教師：これまでの学習をもとに，おいしく炊いてみましょう！　今日はニンジンとキュウリ，そしてすし酢を使って寿司ケーキをつくります！

児童：寿司ケーキ⁉　すごーい！

児童：でも酢飯って難しいんじゃないんですか？

教師：すし酢を炊きたてのごはんに入れるだけでできるんだよ。さらに，ピーラーを使って野菜を縦長にむいて，クルクルと巻けば……。

児童：薔薇みたい‼

教師：こんなふうにやるのもよいですが，好きに飾りつけてみてね。キュウリもニンジンも生ですが，けっこうおいしく食べられますよ。

児童：家でもやってみたい！

※白ごまや桜でんぶ，のり，マヨネーズを使うと，食べやすく，見た目もよりよくすることができます。

【B　衣食住の生活】（3）ア⑦　時間数：2時間

3色トランプで
献立と食品群の理解

　5年生の終わりに，これまでの調理でできるようになったことを振り返ります。汁物をカレーなどにすれば一食分をつくれること，バランスのよい食事につなげる3つの食品群の理解について扱っていきます。

1　調理の振り返りと一汁三菜の理解

目標　○1年間の調理で，できるようになったことを自覚する
　　　　○献立には一汁三菜の分類があることを理解する

　家庭科は2年間で学習することになっているため，計画的な題材設定が重要です。また，一度の学習では身につきにくい知識・分類に関するものは連鎖的な題材設定が重要です。以下は5年生で学習することが望ましいですが，6年生で5年生の復習を兼ねて行うこともできます。

　米飯・みそ汁・ゆで野菜の学習後に，できるようになったことを振り返ります。給食または一食分のお膳を書き，何ができるようになったかを振り返ります。米の炊飯で**主食**のごはん，ゆでる調理で**副菜**の青菜の和え物，みそ汁の調理で**汁物**ができるようになりました。

　あとは**主菜**をつくれば立派な**一食分**ができること，汁物のルーや調味料を変えることで，カレーやシチューや肉じゃがなどの主菜をカバーできる一食になることを押さえます。

主菜？

112

2　3色トランプの色分けの理由を考える

目標　○食品群の分類を一汁三菜に関連させて理解することができる

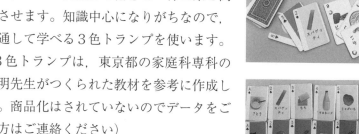

　汁物の学習ではだしが特徴的な「和食」について知り，前時では一汁三菜を扱っています。本時では，3つの食品群の働きを一汁三菜と関係づけさせます。知識中心になりがちなので，遊びを通して学べる3色トランプを使います。（この3色トランプは，東京都の家庭科専科の橋本英明先生がつくられた教材を参考に作成しました。商品化はされていないのでデータをご希望の方はご連絡ください）

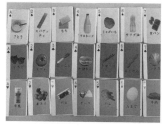

　この3色トランプは，教科書に載っている代表的な食品を3つの食品群に色分けし，カードに貼ったものです。いくつかのカードはわざと色をつけていないので，それが何色なのかを考えて出させます。（**最初は白カードを使わずに遊ぶことをおすすめします。**そうすると楽しんだ後，すぐに分類に移りやすいです。白カードの確認は，教科書の分類表を見せます。言えなかったら○○などルールをつけ加えてもよいでしょう。さらに，このトランプは同じ数字を並べれば1つの料理になります）

　3色トランプを通して，なんとなくどれが何色なのかグループ分けができるようになります。まとめの時間を設定し，班ごとに3色の分類の方法を考えさせます。

教師：3色トランプ楽しいですよね。どのように色分けしていると思いますか？

児童：全然考えずにやっていたよ。トマトは赤とかじゃないの⁉

児童：**給食でこの3色を使っているよね。**でも，どう分類しているのかな。

児童：私はなんとなくわかるよ。**緑は，野菜でしょ？　トマトもね。**

児童：果物も緑色だったよね。じゃあ黄色は何かな？

児童：パンとパスタと……でも油とかバターもあったよね。

教師：このトランプは栄養のことを考えた3つの分類になっているよ。

児童：栄養かあ。赤はひじき，肉，魚，牛乳，豆腐，チーズ……。

児童：ねぇ，**黄色はごはん系じゃない？**　それに調味料って感じ。

児童：**加工品っていう見方もあるよね。**そのままじゃ食べられない加工品。

児童：そうだね。**赤は？**　ベーコンとか豆腐とか**そのまま食べられる加工品**になるよね。それに，ごはんっていうか，おかずって感じだね。

児童：そうそう！　ごはんとおかずと野菜って感じがとても合うね。

教師：みなさんいろいろ考えて分類しましたね。加工品という見方もとてもすばらしい。**米やパンの原料の小麦粉はそのままでは食べられませんね。**だからこそ，保存がきいて1年中食べることができるのです。先生から補足すると，特に黄色の食品は保存がきく主食になりますね。

　児童から，「黄色の食品は炭水化物や脂質だよ」と，栄養素についての発言が出ることがあります。発言を認めつつも，「それらはどんな食材に多くあるのかな？　どう判断する？」と，判断の基準を考えられるようにします。以上のような授業を行うことで，6年生での一食分の献立を考える活動や，栄養素の働きについての学習にスムーズに接続できます。

【板書例】

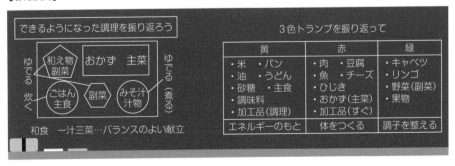

Column

題材の扱いは食品群の分類が先？　栄養素の働きが先？

　平成20年告示の学習指導要領から，五大栄養素の基礎的な内容と働きについてが中学校から降りてきました。学ぶ順序としては，先に五大栄養素を学習することが想定されています。食品に含まれる栄養素とその働きがそれぞれ理解され，さらにたんぱく質などの，**体をつくるけれどエネルギーにもなるという栄養素の特徴も理解しやすい**からです。デメリットは，「名称や働きを覚えることだけに重点を置くのではなく（中略）日常食べている食品に主に含まれる栄養素の種類や働きを調べて発表したり」（学習指導要領解説より）と示されるように**暗記になりがち**であるということです。それに対し**本書の題材の扱い方は，先に一汁三菜の分類から働きの違いによる3つの食品群の学習**を行います。それらを細かく見ると五大栄養素があり，その働きを学ぶ流れにしています。これは給食や食育などで3つの食品群が身近になっていること，**5年生で扱う知識量が少なく学びやすい**ことを考慮しました。デメリットは，例えばごはんやパンなどの主食になる食品とバターや油などの食品がエネルギーのもととなる食品に**混在してしまい**，3つの食品群の分類の際，**グループ分けに疑問が残りやすい**ことです。

　理解の仕方は様々です。学習指導要領の記述は演繹的理解を前提としています。しかし私は，児童の身の回りの理解は素朴概念に代表されるように帰納的理解だと考えます。つまり「こんなグループじゃない？　これも，これもあるから（すべては正しくないかもしれないけれど）」というような**アバウトな理解から，次第に洗練された理解になっていく**ことが普通だと考えます。これは，**5年生→6年生という連鎖的な学び**を前提とした考えです。もちろん**紹介した実践は教科書通りの順番でも対応**できます。家庭科は2年間で内容を習得すればよく，各学校でカリキュラムをつくるようになっています。以上のことを踏まえつつ，学校の年間計画でこのことが理解され，児童の実態に沿うような計画・実践になるようにしたいものです。

いためる幅を増やすアレンジ調理

　ゆで方の基礎で調理の要素を学ぶ授業に引き続き，特徴の異なる食材を用いたいため物を扱います。食材の特徴を踏まえて調理の要素をコントロールできるように，アレンジという観点で学習を進めます。

1　2品の食材を個別に考える注文制

目標　○火のとおり方が異なる食材を，調理の要素を管理して一緒にいためられる

　注文制で使用食材を個人で決定させます（「調理：注文制・調理評価スキル」参照）。今回は，食材のいためる時間や扱いの違いを考えることを目的とするため，葉菜はキャベツとし，**根菜から1つ，その他のすべての食材から1つ選ばせる**ようにします。（例：キャベツ〈葉菜〉・ニンジン〈根菜〉・ベーコン〈その他〉）

　小学校段階では，1人分の適正量については扱いません。そこで，必要量や1単位量は教師が決めて示します。**葉菜は1人30g，根菜は1人10g，その他は15gを基準**としました。

2　3色野菜いため計画で理解をみる

　児童は食べたい食材を選べるので，野菜いためをおいしくつくるために，切り方や時間，順序などをよく考えるようになります。

　計画の作成にあたっては，調理技術の習得の側面から，もやしなどそのまま使うことが多い食材に対しても，**包丁で切ることを1回は入れる**ことに

します。ゴボウ，レンコンや乾物など配慮・工夫が必要な食品は個別に助言します。

3 当日は食品ごとに注意事項を伝えて配付

　調理実習当日は班ごとにまずはキャベツを配付し，その後食材ごとに注意事項を伝えつつ配付します。具体的には，レンコン・ゴボウ・ジャガイモの皮むきや根菜の厚さの目安などです。アレルギーがある児童がいる場合，最初にその食材を扱い，児童への対応をします。（「アレルギー対策のスキル」参照）

4 調理を終えたら家庭実践につながるプラスαを

　授業の最後に，他の調味料についても紹介しました。少しあまりが出た食材を**鶏がらスープの素（顆粒）で調味したものを試食させました**。醤油などはこげやすくなること，中華料理の味つけが簡単にできることを紹介しました。児童からは，「おいしい！　全然味が変わる！」「うちにも似た調味料があるからやってみたい」「うちでは食べたことないよ。簡単につくれるならおうちの人に教えてみよう」など，**家庭実践に前向きな声**が上がりました。

5 調理の振り返りで食材の特徴を捉える：1時間

目標　○食材の大まかな特徴を捉え，調理の特徴がわかる
　調理実習を振り返って，よくできたことや課題を交流させます。いため物を初めてつくった児童もいるため，出来栄えで評価することはありません。食材の火のとおり方やこげやすさなどの食材の特徴のほか，盛りつけや調理の手際など，次回以降に生かせることを共有します。
児童：ニンジンの火加減が強すぎて少しこがしちゃった。

児童：キャベツのかたいところはもっと薄く切った方がおいしいと思った。

　そして，それらを踏まえて食品の特徴と調理の要素（切り方，火加減，時間，順序）などをまとめます。（下図参照）

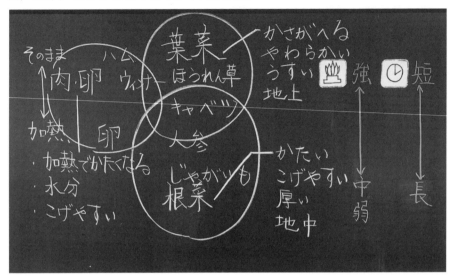

教師：これまでに扱った食材の特徴と調理方法を振り返ってみましょう。

児童：葉菜と根菜で加熱時間が違う。根菜は薄くしないといけない。

※まずは葉菜と根菜の円をかいて分類します。

児童：根菜の水分が少ないものは特にこげやすいよ。

児童：キャベツの芯とか葉菜でもかたいところは工夫が必要だよ。

教師：じゃあキャベツは葉菜と根菜の間に入れようか。

児童：ウィンナーとかかまぼこはどこに入りますか？

教師：ここもグループが必要そうですね。（肉のグループを追加してかく）

児童：卵はどこかな？

児童：そのまま食べられるよね，生卵でも。

児童：でも加熱するとかたくなるから野菜グループではないでしょ？

児童：卵も肉のひとつでしょ。生物としては肉だよ。

教師：では，加熱時間が少ない葉菜と肉グループの間くらいかな。

> **Point**
>
> いためた食材をもとに，加熱の必要性とかたさ・厚さに着目させます。

　特徴から考えさせれば，新たに扱う野菜の切り方や加熱時間を考えられますし，肉・卵が加熱でかたくなるという特徴は，麺や加工肉の扱いにもつながります。**切り方・加熱時間を検討し，順序や火加減を考えられるように**なります。

....

6　アレンジいため調理計画を実現：1時間

目標　○特徴が似た食材を考えて，調理計画に生かすことができる

　特徴がわかれば大まかな調理ができます。使った食材に似た特徴の食材を考えて，アレンジする調理計画を考えていきます。

　今回の目的は，食材の特徴を捉えることなので，**調理は学校では行いません**。調味や食材に縛りがない分，家庭でやってみたいいため物を児童は考えるようになります。

　課題の与え方は，「似た食材の特徴を考えて1つ以上はアレンジを加える」とします。複数の食材をゼロから考えるのではないため負担も減り，食材の理解と調理方法の評価も行うことができます。

児童：ナスは分厚いしそのままじゃ食べられないよね。でもかたくないから
　　　キャベツの芯と同じ感じかな。

児童：ごはんは食べられるから，最後に加熱でいいかな。

【調理計画作成後の家庭実践報告より】

児童：先生！　家でチャーハンをつくってみたよ!!

児童：大変だったけれど，またやってみたい。

3色トランプ・栄養ピラミッドで 一食分の献立づくり

　五大栄養素の働きを理解し，一食分の献立づくりとつなげる活動です。栄養素の働きの理解のためには，まず3つの食品群の理解を進めることが大切です。形式的な暗記にならないように分類と日常の食生活をつなげます。

1　3色トランプの振り返りとより詳しい再分類を考える

目標　○3つの食品群の分類から5つの栄養素の働きの分類に気づく

　5年生で，3色トランプを使っての3つの食品群と一汁三菜の関係については学習済です。ですが，定着させるには繰り返すことが必要です。あいた時間や隙間時間に3色トランプを活用するようにします。

　何度も3色トランプを見つめる機会があると，違和感を覚える児童が出てきます。そこで，いためる調理が終わり栄養素の学習に入るタイミングで，復習を兼ねて3色トランプの分類を扱います。具体的には3つの食品群より精度を上げた分類を児童が考えるのです。

教師：一汁三菜をヒントに，3つのグループ
　　　に分けましたね。そのとき，なんか分
　　　類が違いそうなのに同じグループに入
　　　っていること，ありませんでしたか？
　　　今回はさらに細かく考えてほしいので
　　　す。5～6つにさらに分類できそうで
　　　しょうか？

ごはんと油系は同じもの？

児童：油系とごはんじゃない？　エネルギーはありそうだけど違うよね。

児童：そうだね。おかずの赤の食品も分けられそうだよ。

児童：加工食品とそのまま食べられる食品かな？

児童：動物系と植物系かなあ。そうすると，他の分類にも影響しちゃうか。

児童：緑も分けられるよ。果物・甘い系と野菜系。

児童：緑黄色野菜って聞いたことあるよ。色が濃い野菜とそうじゃないの。

児童：食べる部位も分けられそうだよ。根菜と葉菜と実になりそう。

> **Point**
>
> **栄養素に焦点を当てるため，３つの食品群をもとに細かく分類します。**

2　それぞれの特徴と五大栄養素を把握する

　児童の分類をもとに，解説を進めます。分類の際に，例えば動物系と植物系の食品など，五大栄養素とは異なる観点で分類する児童もいます。フルコースや懐石料理などの**料理の献立の視点**でもあることを認めます。野菜では中学校につながる**緑黄色の分類や食べる部位**による栄養素の違いなどの視点が出るでしょう（木の実は糖度や脂肪分が高くなりやすいです）。**乳製品は分類が難しい**ですが，それほど乳製品には他の栄養素も入っており，特に**カルシウムが重要**という視点で，「無機質」があることを押さえます。

【板書例】

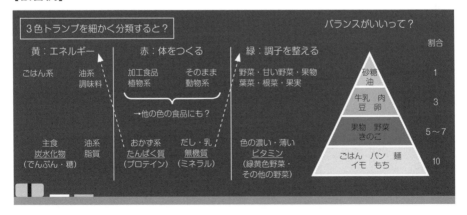

3　一食分のバランスのとれた献立を考える

目標　○栄養バランスと大まかな量を意識して，献立をつくることができる

　栄養素の学習は，バランスのよい献立をつくろうとする際にさらに深まります。まずは個人で，**自分が食べたい・バランスのよい献立をつくる活動を**行います。初めて献立をつくる小学校段階では，まずは３つの食品群を考慮してつくればよいことを伝えます。

　中学校では栄養素と必要量を考慮して献立をつくりますが，小学校では必要量は扱いません。しかし，**量をまったく考慮しないのでは「よいバランス」を示すことができません。**簡単に理解でき，中学校につながるように，本校栄養教諭に協力していただき作成した，右のようなピラミッドを示しました。これは，海外の献立や栄養学習の際に使われているものをアレンジしたものです。

教師：献立をつくる際はこのピラミッドを量の参考
　　　にしてくださいね。

児童：ごはんが一番多いんだ！　でも砂糖や油はちょっとしかないよ。

教師：食品中の糖分や油分で十分摂取できるので，多くならないようにね。

児童：食材は何を使ってもいいんですか？

教師：**今回は何を使ってもいいですよ。おうちでつくるのもいいですね。**

児童：やったぁ！　じゃあ，どんな食材を使おうかな。

児童：主菜とごはんをあわせて丼にしようかな。フルーツもつけて。

児童：野菜をけっこう入れなきゃいけないんだね。サラダにしようかな。

教師：思い出してね。野菜をいためた際にかさはどう変化したっけ？

児童：小さくなった。**サラダだと，あまり栄養がとれないってこと？**

教師：給食でもいろいろなところに野菜が使われていますよね。

4 班で一食分の献立と発注書・調理計画を考える

目標 ○班で協力して栄養バランスのよい献立を考えることができる

　せっかく献立を考えるのですから調理までつなげさせたいものです。個人で考えた献立を持ち寄って，班で実際につくる一食分の献立を考えさせます。

　自分の献立を参考に意見交換することで，より魅力的でバランスのよい献立を考えようとします。また，タブレットなどを用いてインターネット上にあるレシピを参考にさせることもできます。

　食材の準備は，ある程度献立が決まったら，いつものように注文制で行います。その後，各班の献立と発注書を期限までに書いて提出させます。食品ピラミッドを参考にバランスがとれるように助言します。

教師：**食べる人や目的を考えて献立をつくりましょう。**これまでに習った調理技能を用いて，料理を考えてくださいね。

児童：肉がいい！　野菜いためにしようよ!!

児童：**生肉は使えないからベーコンとかね。**

児童：汁物は豚汁がいいな。豆腐も入れたい。

児童：それじゃあ**赤の食品が多くなっちゃうよ。**野菜が多くなるようにね。

児童：油も使いすぎないようにしなきゃね。

教師：汁物は何にでも合いやすいから，たりない野菜などを補完できますよ。

児童：前につくった酢みそ和えかごま和えをつくりたいなあ。

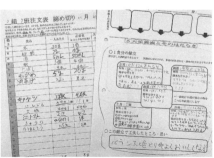

すべてを作品づくりに
初めての手縫い

　初めての製作活動，児童は自分の裁縫セットを目の前にして，目をキラキラさせています。しかし，家庭科の意識調査では苦手意識も多い題材になっています。それは，教師側が出来栄えの良し悪しのみを評価してしまうからではないでしょうか。不器用な子，不慣れな子にも「やりたい！」と「できる！」を感じさせたい。そんな思いで題材を構成しました。

1　要所の映像を用意する

　手縫いの題材で**苦手意識を生む大きな原因**は「慣れない作業」「見通しがもてない手順」「成果を要求される」という**児童側**と，「個別支援できる**時間の不足**」「達成度の個人差による**一斉指導の困難さ**」という**教師側**の両方の面があるからだと考えます。地域やPTAのボランティアの活用でいくつかの課題は解決可能ですが，学校規模や授業日程等の調整が必要なことから実現が厳しい学校もあります。

　そこで，**タブレットやPCを各班や教室内に準備**します（「製作：製作活動での児童の把握・評価スキル」参照）。教師の実演でわかったと思っても，自分がやるときには「あれ？」となってしまうことがあります。これは，見るときと行うときで情報の使い方

が異なるためです。だから「教科書の**静止画では細かいところがよくわからない**」となるのです。玉どめ，玉結び，その他縫い方に関する動画は，**教科書に付帯する動画資料**や動画サイトを用意しておくと，自分でわからない部

分を見たり，周りで教え合ったりすることができます。児童が自分のペースで繰り返し確認できる動画は非常に有効です。

2　学びはじめの技能で，ゆるキャラ荷物タグづくり

　教材業者が販売している練習布を使う学校もあるでしょう。ここで注意したいのは，**練習布を終わらせることを目的としないこと**です。あくまで学習内容をコンパクトに収めて練習効率を上げるものと捉えて，製作活動に優先順位をつけます。フェルトにボタンをつけ，それを荷物タグとして利用することで製作物の1つとするなど，**学びはじめの技能でも練習段階と実際のものづくりの間に隔たりをつくらない**ようにします。

【玉どめ，玉結び，縫いとりの学習を終えて】

教師：今日の学習でこんな作品ができるよ。

児童：自分が考えたキャラにしてもいいですか？

教師：もちろん。ボタンつけを学んだら，こんな作品に
　　　もできます。

児童：カワイイ！

児童：変なの〜（笑）

教師：宿泊学習に行くときなどに，荷物タグとして使うこともできますよ。

3　過度に技能の完璧さを求めず，「できた」を優先して

　手先が**不器用な児童は技能面では苦労する題材**です。そこで，教師は完璧にやらせようと固執しないことも大事です。**時間数をかけてしまい，他の題材がおろそかになっては本末転倒**ですし，何度もやり直させられたり，教師や周りの子に手伝われたりしては本人の意欲もわきません。技能として目指すレベルは示しつつも，いわゆる技能が「B」評価でも，**そのうち上手になるものという姿勢でどんどん製作を進めさせ**，「できた」を多く体験させる

ことも大切です。作品が完成した後に，本人に納得がいかない部分があれば
やり直せばよいのです。

4 意欲や技能に応じた 「やりたい」をかき立てる幅・工夫

目標　○針と糸を使って手縫いで簡単な制作物をつくることができる
【授業の最初に作品例でゴールイメージをもたせる】

　まず，2種類の縫い方とボタンを1つ使用した小物入れを提示します。これが基準となります。その後，ファスナーを使った筆箱などの作品，中表にして縫い目を隠した作品，ポケットやふたなどの機能を増やした作品なども提示します。これらは縫う箇所や量が増えて時間がかかること，完成後に追加できることなどを伝えます。縫うことに不安がある子も最低限のラインを知ることで安心しますし，こだわりたい子は自分がつくりたいもののためにがんばろうとし，全体的に意欲をかき立てることにつながります。手先が不器用な子も裁縫が大好きな子も一緒になって休み時間にも取り組む姿が見られます。

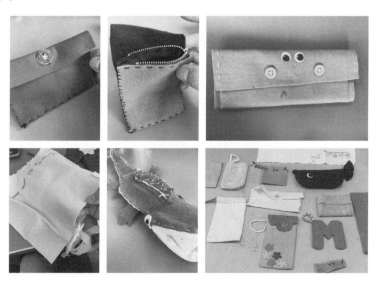

教師：このなかには去年の５年生がつくったものもあります。題材の終わり
　　　にはみんなもこんなものがつくれるようになるんだよ。

児童：つくりたい！　　　　　　　　　児童：筆箱もつくれるの⁉　素敵～。

教師：でもせっかくつくるのなら，すぐ壊れちゃったりするものは嫌だよね。
　　　だから，練習しながら，作品づくりをしていきますよ。

【縫い目のあらさが違う作品を見せる】

　フェルトを重ねて３辺を縫った作品を示します。片方は縫い目を２cmく
らいに大きくとります。児童はなかのものが落ちてしまうことを指摘するで
しょう。縫い目のあらさに着目させます。

5　進度を写真とカードで把握

　休み時間に取り組みたい児童もいるので，**作品を集める**ことは難しいです。
一方で**実はほとんど進んでいない**……という児童がいないように写真で記録
させます（「製作：製作活動での児童の把握・評価スキル」参照）。製作段階
で色分けした台紙にのせて名前入りで写真を撮らせれば進捗状況が一目でわ
かります。また，製作手順の記録としても使えます。下の写真は「ロイロノ
ート・スクール」という有償アプリを使っています。どのタブレットからで
も自分のデータにたどりつくことができ，ポートフォリオとしても使えます。

教師も**アプリ上で写真の提出・把握・助言**ができ，
使い勝手のよいアプリです。

教師：作品を写真に撮って提出しましょう。

児童：けっこう時間がかかっちゃったなあ。この
　　　色までしかできなかった。

教師：（この子は見て回ったときは問題がなさそ
　　　うだったけれど，玉どめのところがうまく
　　　わかっていないみたいだな。次回声をかけ
　　　てみよう）

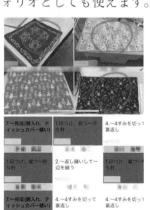

暑さの原因って？ ジグソー学習

　5年生の夏の，衣服の管理・洗濯の題材に合わせて行います。暑さの原因を子どもたちは意外に知らないものです。体から出る熱や服の吸水・吸湿性を知るために，ジグソー学習で複数の視点から特徴をつかんでいきます。

　佐藤雅子氏の実践「快適な生活を工夫しよう～夏編～」（『千葉大学教育学部附属小学校研究紀要』第44号，91～98ページ）を参考にしました。

1　その日の児童が着ている服をグループ分けする

　題材の導入として，児童が着ている服をグルーピングしていきます。夏の男児の服で近年増えているのが，ポリエステルの生地です。スポーツ系のブランドに多く，休み時間に外でスポーツをしている児童が多く着ています。もう一方は薄手の綿です。近年の特徴として，特に女児の服は袖口や肩，襟口が大きいものが増えています。

　以上のような形の違いや，肌ざわり，色など様々な観点を予想しながらグルーピングの理由を考えていくことで，服そのものへの興味と，形や素材の意味に気づかせる導入にしていきます。

教師：暑くなってきましたね。いきなりですが，きみはA，あなたはBのグループです。さて，次いきますよ。

※児童から予想が出てきたら，服に焦点化して見て回る。

児童：ん？　どういうこと？　運動系とか？

児童：女子と男子ではないみたいだね。Bチームは女子はいませんか？

教師：う～ん，今日は○○さんだけかなあ。

児童：今日はってなんだろう？　服のことかなあ？

児童：色味じゃない？　何か決まった色とか。

教師：□□さん！　これは……半々かもしれないな。

児童：半々とかあるの？　やっぱり服じゃない？

教師：それでは答え合わせをしましょう。答えはみ
　　　んなの**服にあります！**　内側の左側に。

児童：やっぱり素材だよ‼

教師：なぜ違うのでしょうか？　どんな違いがあるのでしょうか？

　Ｔシャツなどの上着は内側の左側に素材・注意・サイズタグがついていま
す。まずはそこに目を向けさせ，それぞれの意味について興味をもたせ，課
題解決をしていこうという意欲づけをします。

2　ジグソー学習で素材の特徴と暑さの原因を調べる

目標　○自分の役割を意識して，実験に取り組むことができる

　以下の①〜⑤の実験は班内で番号を振り，分担して実験します。例えば①
の実験担当が素材のもとに集まって実験を行い，結果を後で班で共有するよ
うにするのです。このジグソー学習スタイルで取り組ませることは，こちら
から実験を「指示」することになりますが，「何のためにその服を着ている
のか」という目的を自分たちなりに説明し，服の特徴を自分たちで理解して
いくことにつながります。以下，具体的な実験を示します。

3　素材の特徴を知る実験①〜②

目標　○身近な夏服の素材の特徴を，実験を通して理解する
【①吸水性・質感実験】

　Ｔシャツ，タオル，ポリエステルの生地を同じ大きさに切ったものを用意
します。桶に水をはり，それぞれの生地の端を同じ時間水にひたします。事
前事後の重さの変化やそれぞれの質感などを調べます。

児童：タオルはさわり心地がとってもいいよ。

児童：ポリエステルは，いつもサラサラな感じ。濡れてもサラサラしているし，水を吸っていかないよ。

【②通気性実験】

①と同じ生地を用意します。ラップの芯等の筒の片端に生地をゴムでとめ，もう片端から息を入れます。風の通り方の違いを調べます。

4 暑さの原因を探る実験③〜⑤

目標　○暑さの原因となる要素に気づくことができる

【③靴下の効果検証実験】

片方は裸足，もう片方は靴下の状態でビニール袋に足を入れてゴムでとめ，上履きを履きます。しばらくすると裸足の方は，袋のなかに水滴がつきます。この変化から靴下（綿）の吸水性や履き心地などの役割についてまとめます。

【④襟口特別服の実験】

100円ショップのレインコートに工夫を加えます。片方は襟口が大きくなるようにボタンを開けて，さらに腰回りもそのままで着用します。もう片方は，襟口を小さくしめ，腰回りを紐でとめて通気が悪くなるようにします。わずかな違いで起きる着心地の悪さや暑さに気づかせます。

児童：この服着るとムシムシする〜。

児童：紐をほどいて通気したら一気に涼しくなった。

【⑤湿度調整特別室】

　ホームセンターで売っている，布カバーつきの衣類用ハンガーラックを用意します。なかに加湿器や水で濡らしたタオルを入れておき，湿度に着目させて外の部屋とどちらが快適かを感じさせます。

児童：なかはモワッとして嫌だ。同じ温度なの⁉

児童：日本の夏って感じ。ムシムシしているよ。

5　実験結果を共有し，暑さの原因と服の特徴をまとめる

目標　○暑さや不快感の原因がわかり，過ごしやすい服について理解する

　実験結果を共有することで，不快感の原因は自分が出す体温や湿度であり，それを綿は吸い，ポリエステルは通気によって，また襟口や袖口の開き方で快適にしていることがわかります。最後に自分の衣服をマイクロスコープで観察させます。

【実際に着ている服を観察する】

　実験の通り，綿は吸水するように，繊維が絡み合うように並んでおり，実際水を吸うとふくらみます。一方でポリエステルは均一に繊維が並び，目があらく通気性がよい素材が多いことがわかります。

児童：こんなに風の通り道があるんだね。タオルはつまっている感じ。

> **Point**
>
> 　過ごし方の特徴に合わせて服を選び，通気や吸水・吸湿をすることで過ごしやすくなることをまとめます。

なぜ洗うの？　洗剤の秘密

　児童は洗うこととときれいにすることをほぼ同義と捉えています。調理・衣服・掃除を総合的に学び，石けん・洗剤の意味，そして手洗いの価値についても児童が身をもって感じられるようにしたいと考えました。

1　汚れを落とすものを探す課題を出す

　学習前に，児童に家のなかで**汚れを落とすために使っているもの**を探してくるように課題を出します。児童は多くの用途の洗剤・石けん・その他の薬品があることに気づきます。子どもの多くが盲目的に手洗いは「石けん」で，**皿や服を洗うのは「洗剤」で**と考えがちです。導入では，それぞれどのような特徴があるのかを意見を出し合い予想することで，その後の洗う意味や，洗い方を体験的に理解していくようにつなげます。

　「石けん」と「洗剤」の2種類は，一人ひとりが環境に与える影響について考えるきっかけとして，題材を通して使い分けていきます。

2　洗う意味を問い，洗剤と石けんの違いを意識させる

目標　○「洗う」ことの意味を，体験的に理解する

　少ししか着ていない服でも洗濯機に入れ，**洗っていない服は不潔**と感じる子がいます。洗剤を使用することを当たり前だと思っているのは，日常生活での刷り込みや，**有無の変化が見えづらい**からだと考えられます。そこで中学校との連携も意識し，洗う意味やどのくらい汚れが落ちるかを体験させる活動を取り入れます。学習後に，使用する水の量，洗剤の使い方や**洗うこと**

に対する日頃の生活を見直すきっかけとなるようにします。

教師：みなさんは１日着た服をすぐにタンスにしまいますか？

児童：いや〜汚いよ。汗くさくなりそう，絶対洗わなきゃ嫌だ。

教師：そうかあ。みなさんは**なぜ服を「洗う」**のでしょう？

児童：においと，汗の汚れを落として，きれいにするため！

児童：皮脂汚れっていうものを聞いたことあります。

教師：じゃあ水でじゃぶじゃぶやればいいですか？

児童：**洗剤を使わないと落ちないよ！**

教師：そうかあ，そういえば**石けんではだめかなあ？**

　普段の生活から，「洗う」＝「洗剤」という図式ができあがっている児童が多いですが，**石けんでも汚れは落ちますし**，石けんの方が洗濯に使われてきた歴史は長いです。洗濯用の液体せっけんは洗剤売り場に置いてあります。試してみると，**汚れの落ち具合はほぼ同じ**ことがわかります。たしかに洗剤は便利ですが，生分解性を意識してむだづかいしないようにしたいものです。

【酢の働きで変化を見る】

　洗剤と石けんは同様に汚れを落とすことを捉えた後で，デメリットについても取り上げます。石けんはアルカリ性なので酸に弱く，**中和され石けんカスが出てしまいます**。酢を用いると，一気に石けん液が白濁してしまいます。

児童：本当だ！　石けん水が一気ににごったよ！

児童：洗剤は変わらないね。

教師：ドレッシングや，汚れのひどい服は，ウエスで拭いたり，水で予洗いをして汚れをとったりすることが必要ですね。洗剤でも使用する水は少なくしましょうね。

3 洗濯洗剤の CM を見せ, 汚れをとる以外の目的に気づかせる

目標 ○石けん・洗剤の汚れを落とす以外の目的に気づく

すみずみまで○○　おどろきの○○　かがやく○○
菌を根こそぎ除去　香るフレグランス　ふわふわの仕上がり

　CM のワンフレーズです。○○に共通する言葉は何か考えさせます。○○には「白」というキーワードが入ります。**汚れを落とす以外にも「白さ」や「香り」を付加する要素**が石けん・洗剤にはあるのではないかと予想させます。

教師：まだ石けん・洗剤を使う理由があるんだ。CM を見てみましょう。

児童：白くする, 香りをつけるのも洗濯する理由に入る
　　　んじゃない？

児童：ペンキじゃないんだから**本当に白くはしてないで**
　　　しょ。

教師：白いかどうか, 面白い話題だね。では, この実験を見てもらおうかな。

【様々な洗剤の水溶液にブラックライトを当てる】

　洗剤には汚れを落とす界面活性剤, 酵素のほか, **白く見せる蛍光増白剤**が入っていることを可視化します。液体石けんには含まれていませんが, 洗剤にはブラックライトが青白い光を出して反応します。

児童：すごい！　本当に白くなるんだ！

教師：白くしたいときには意味があるね。特に夏のみんなの服は何色かな？

児童：あ, 白とか薄い色が多い！

教師：濃い服にこの洗剤を使い続けると……？

児童：白くなっちゃう！

教師：そう，おどろきの白さになっていきますね（笑）

4 想定される種類の汚れをあえてつけて洗濯実験をする

　様々な汚れを想定した手洗いの洗濯実験を行います。**皮脂汚れはバター**，身近な汚れとしてクレヨン，さらににおい・油汚れを意識させるために**醤油・ごま油**を用意し，できれば洗う**実習前につけて乾かしておきます**。

教師：まず実験で落とす汚れをつけます。そして，自分でつけた汚れをしっかり落としてくださいね。

児童：こするとみるみる落ちていく！

児童：うわ～，けっこう**油のにおいが残っちゃう**よ。

児童：こすって，**押し洗いするとにおいも抜ける**よ。

児童：すすいだら一気にきれいになった！

【手洗いと洗濯機のどちらがきれいになるか予想させる】

　児童は洗濯機を万能だと考えています。しかし，実際に洗濯機と手で洗った靴下の写真を見せると**手洗いの方がきれい**ということに児童はおどろきます。どう洗えばきれいになるかを考えさせるきっかけとなります。

児童：手洗いの方がいいじゃん。

教師：では**なぜ全部手洗いしない**のかな？

児童：**大変**だからでしょ。全部やってられないよ。

教師：そうですね，汚れをきれいにしたい場合には手洗いはよいですね。

児童：けっこう汚れているときにぽいっと洗濯機に入れて怒られたことある。

　子どもたちは**手洗い（予洗い）のよさ**に気づいた後，今後の自分の洗濯や皿洗いにおける関わり方について考えを深めていきます。SDGsを踏まえた環境に負荷をかけすぎない生活等の他題材との関連も図ることができます。**一度総合的に「洗う」ことが他題材にも大きな影響を与えます。**

初めてのミシンは
楽しくツールとして

　5年生では手縫いの後にミシン縫いも扱います。ミシンは家族世帯の普及率は6割を超えていますが（「平成21年全国消費実態調査」より），使った経験がある児童は少ないものです。あくまでも便利なツールとして，その価値を感じさせ楽しみながら習得できるようにしたいものです。

1　半分のミシンには糸をかけておく

目標　○ミシンの構造や特徴を意欲的に知ろうとする

【まず縫ってみる】

　子どもにおもちゃを渡すとき，説明書から渡しませんよね？　いじったりいろいろと試したりして面白さをつかんでいくものです。それならば，ミシンもまずはメインの目的である「縫う」体験が最初にあるべきではないでしょうか。説明ばかりでは，覚えることばかりでつまらないし，なかなか覚えられないです。

　そこで，最初に縫える環境を整えてしまいます。班に1台上下糸を通したミシンを用意しておきます。児童はもっとやりたい，順番を待ちたくない，と思います。そこで初めて，班で2台目のミシンを出すのです。

児童：先生，こっちのミシンも使ってみていいですか？

教師：上糸を下糸というものを通さなきゃいけないけどできるかな？

児童：教科書にも書いてあるし，できそう，やってみたい！

教師：では，間違って動かないように電源を切ってやってみてくださいね。

【学校で上糸と下糸を違う色で用意する】

　最初は交代でミシンにふれられるように，児童の糸ではなく学校の糸を用

意します。気兼ねなく使えますし，**上糸と下糸を色分けする**ことで，ミシンの構造が理解しやすくなります。また，支援が必要な子にはすでに糸をかけてあるミシンを使わせることもよいでしょう。この**題材の目的は糸通しの技能ではなく，ミシンの使い方やそのよさを理解すること**ですから，糸の通し方を覚えることは慣れてきてからさせてもよいのです。

2　進度の違いに対応できる映像資料を用意する

　授業のはじめに全員共通のゴールを示し，解説はそのゴールまでにします。はやく終えた子は教科書や映像資料を頼りに次のステップに進んでよいと伝えるのです。その分，教師は個別支援にまわることができます。

教師：今日は縫い合わせた2枚の布を裏返して，アイロンがけをしてから縫う段階ですよね。アイロンをすでにかけたり，映像を見たりした人？

児童：はーい！（数人が挙手）

教師：映像資料でも確認できますが，実際にやった人がいるので，アイロンをかける意味ややり方を直接教えてもらってくださいね。開始〜。
　　　（作品状況の写真から，あの子をまず見てみよう）

3　いじって発見！　ミシンの特徴に気づく教材

目標　○教材の比較等から，ミシンの機能や使い方を理解する
【糸調子を変えて，返し縫い・糸調子ダイヤルの必要性に気づかせる】

　返し縫いをせずに糸調子を変えて2本の直線縫いをした布を，班に1枚渡します。片方は糸調子を極度に強くします。児童は見た目以外にも，糸調子が合っていない直線縫いは簡単に糸が抜けてしまうことに気づきます。

教師：ミシンは玉どめ・玉結びがないから，糸調子が合ってないといけないんです。さらに，返し縫いをすることで，糸をわざと絡ませて抜けなくしているんだよ。

児童：わざと糸を絡ませるって面白い！

【目のあらさを変えて手縫いとの差に気づかせる】

　先ほどと同様に，目のあらさも変えた布を渡します。もしくは実際に班ごとに糸調子ダイヤルを動かして試しに縫わせます。目を細かくすると手縫いよりはるかに丈夫ですが，時間がかかること，ほどくときに大変なこと，０にしていると糸が絡まってしまって故障の原因になることを伝えます。

【2種類のミニランチョンマット見本を見せる】

　ミシンの構造や糸のかけ方がわかったら，作品をつくり始める前に，ミニ見本を班ごとに配ります。半分の班には中表で端の糸のほつれが見えるもの，もう半分の班にはそれをひっくり返したものを渡します。

教師：どうかな，これをつくりたくなった？

児童：これは嫌だな。

児童：なんで？　普通じゃない？

教師：ある仕掛けをしたものを渡したんだ，わかるかな？

児童：全然違うじゃん。こっちの班のはきれいだよ。

児童：もしかして，これ裏返しただけじゃない？

教師：みんな端がきれいな方がいいよね。だから，はじめはまず「中表」で
　　　縫います。出入り口を残して，ひっくり返して１周縫うんですよ。

　なぜ，そのやり方をするのかを体験させなければ，ミシンの題材は単なる作業になります。中表の意味や，仕上がりの差を意識させて取り組ませます。

4　直線縫いで簡単にできる作品を選ばせる

目標　○意欲的にミシンを使って作品をつくることができる

　ミシン縫いの基本的な技能を知ったら，すぐに作品づくりに入っていきます。おたよりで事前に家庭にも内容をお知らせし，２枚の布を縫い合わせる

形をベースに，何をつくりたいか決めてもらい
ます。2枚の布を使うタイプは，表と裏で布地
を変えることもでき，おしゃれに仕上げること
ができます（1枚の布でぬいしろを三つ折りに
するタイプも可能ですが，布を節約できる一方
で，三つ折りや直線縫いをある程度しっかり行
わないと布の端が出てしまうなど注意が必要で
す）。形を変えたり少しアレンジを加えたりし
た**風呂敷・ティッシュケース・クッション**等を
紹介します。

　布はチェック柄の布をおすすめしています。チャコペンで印をつけて裁つ
際，布が伸びるためどうしても曲がってしまいやすいからです。チェック柄
であれば，柄に沿って切ったり計測したりして直線・長方形を簡単に保つこ
とができます。

5　試し縫いにはちび雑巾もおすすめ

　試し・練習でつくったものを作品として使え
るようにすると，「できた！」という達成感が
高まりやすいです。そこでミシン縫いを試した
布をとっておき，そのまま**使い捨ても可能なち
び雑巾**とします。端の処理をしていないですが，

コンロの汚れを拭いたり，教室のひどい汚れをとったりするには十分です。
また，はやく作品づくりが終わった児童には，家庭科室や教室で使えるちび
雑巾をもう少し多くつくってもらうこともできます。基本的には使い捨てを
前提につくっていますが，**愛着がわくのか，何度も洗って使用する児童が多
いです**。

服で実験！　暖かい着方

　暖かい服の着方，過ごし方の学習です。夏の過ごし方で暑さの原因は学習ずみなので，スムーズに実験につなげられます。

　本題材では，保温性・通気性に着目して，暖かい着方を児童が考えられることをねらいとしました。

1　暑さ・不快の原因を想起させ，暖かい服を考えさせる

目標　○夏の学習をもとに，暖かい服の特徴を考えることができる

　教科書や学校の行事等の兼ね合いで，夏の涼しい・快適な暮らしと本題材の順番が異なることがあります。私は，夏の暮らしで，**暑さ・不快感の原因である温度と湿度**，そして吸水性について取り上げた後の方が本題材は学習しやすいと考えています。冬を暖かく過ごす題材を先に行う場合は，部屋を暖かくして，**夏を涼しく過ごす学習内容の実験を先に行うことをおすすめします**。

教師：もうすぐ冬がきますが，どうしたら暖かく過ごせるでしょうか。

児童：夏に涼しくするための要素を逆にすればいいんじゃない？

児童：湿度を高くして，通気性と吸水性を悪くするのかな？

児童：生地を厚くすればいいんじゃない？　夏は薄い方がよかったよね。

2　比較実験の結果を予想させ，暖かさの要素をつかむ

目標　○暖かく過ごすため，熱を保つことの重要性を理解する

　児童は衣服の暖かさの「素」が何であるかを完全には理解していません。

5年生の理科の発芽実験で，「暖かくするには毛布をかければよい」と考える児童も多いです。つまり**重ね着をすればするほど，温度が上昇すると考えている児童もいるのです。**

　そこで，いくつかの比較実験を行います。
1つ目は，服を着せないビーカーと，服を着せたビーカーを置き，なかに温度計を入れます。この後温度はどのように変わるかを予想させます。準備段階を映像に撮っておき，子どもたちの前で正解を発表すれば時間をかけずにすみます。

児童：あれ？　一緒の結果になったよ。というか**温度が変わらないよ。**
児童：あ，そっかあ。**服が直接暖かいわけじゃないんだね。**

3　比較実験の結果を予想させ，暖かさの要素をつかむ

　暖かさの「素」は服ではなく体温であることがわかった児童に，次の実験の結果を予想させます。今度は，**ビーカーにお湯を入れ，服で包みます。**Aは綿のTシャツを2枚，Bはニット

生地を1枚，Cは通気性が低い薄手のジャンパーを1枚にします。さらにDとして服で包まないビーカーも用意します。先ほどと同様に事前に時間の経過とともに動画を撮っておき，資料として使うとよいでしょう。
教師：さて，今度はどれが最も暖かくなるかな？
児童：え〜，どれも寒そうだけどな。やっぱりBかな？
児童：でもニット1枚だけだと，やっぱり寒いんじゃない？
　全員に予想させた後，10分後の映像を流します。すると，A〜Cはどれも

同じような結果で，何も着ないより温度が高いことがわかります。

児童：なんだ，どれも同じなんだね。

　次に20分後の映像を見せます。この際に仕掛けをしておきます。

児童：あれ？　Bだけ温度が少し低くなったよ。AとCの方が暖かいみたい。

児童：なんで？　一番暖かそうだったのに。

教師：実は先ほどの映像からの10分の間にある細工をしていました。細工というか，実際の冬の環境に近づけたんだけど何かわかるかな？

児童：実際に近づけた……？　なんだろう，実験している場所を寒くしたのかな。

児童：だとしてもニットだけ温度が下がるのって変じゃない？

児童：風じゃない？　風を当てたんだよ。冬は風強いし。

児童：だからニットだけ温度が下がったんだ。穴が大きいから。

教師：正解です。穴が大きいというのは，どういうことかな？

児童：目があらい？というのかな。風が通りやすくて冷えたんだと思います。

教師：そうかあ，じゃあ目があらいものは寒くなりやすいんだね。

　児童が生地の目のあらさの通気性に着目したところで，次は自分たちでさらに温度が下がらないようにする実験を考えさせます。次の週に実験することを伝え，服などを用意するように伝えます。

4　班ごとに暖かい服を３枚着せる実験を行う

目標　○布の特徴を踏まえ，暖かく快適な着方について考える

　班ごとにビーカーを包む布を用意させ，３枚で包むようにします。児童は，生活経験と，前回の実験結果を踏まえて考えていきます。

教師：**自分が着ることを考えて，温度が下がらない組み合わせを考えてね。**

児童：ニットは風に弱いから，間に入れたらいいんじゃない。

児童：一番外側はウィンドブレーカーみたいなものにする？

児童：私の服は，**内側が起毛で外側がツルツルのジャンパー**みたいだよ。

児童：いいね！　それを使おう‼　一番内側はどうする？

児童：やっぱり綿とかの肌着がいいのかなあ。

児童：もう1枚起毛素材じゃない？

児童：**モコモコになって動きにくいじゃん！**

　準備ができたら，実験開始です。各班のビーカーのなかを同じ温度にして，温度変化を見ていきます。途中から送風機も稼働させます。

児童：おお！　けっこう変化がないよ。前の実験よりも下がってない。

児童：風が吹くと少しは下がりやすくなるね。

　各班でどの順番でどのような素材を使ったか，温度の変化を黒板に書きます。最後に，温度の変化が少なかった着方から，暖かい着方の特徴をまとめます。

児童：**間にモコモコの素材を入れると温度が下がりにくかったよ。**

児童：**外側はツルツルの素材がいい！**　外がツルツルで中が起毛がいいよ。

児童：ダウンジャケットもそんな感じ。

児童：モコモコを重ねると温度は下がらないけれど，実際は動きづらいよ。

教師：なぜ外はツルツルで，中がモコモコだといいのでしょう？　カメラで見てみましょうか。

　マイクロスコープを用いて，テレビに映像を出します。ウィンドブレーカー（左写真）は目が細かく，きれいに縦糸と横糸が並び穴がないこと，ニット・起毛（右写真）は間に空気がたくさん入る隙間があることを押さえます。

> **Point**
>
> 　体から出る暖かさを<u>空気の層で保温</u>し，<u>通気性が低い目が細かい素材</u>で熱が逃げないようにすれば，暖かい着方となります。

A 家族・家庭生活

B 衣食住の生活

C 消費生活・環境

今と昔　換気の重要性の違い

　冬になると換気の重要性が叫ばれます。しかし「換気＝寒くなる」から嫌いという子もいます。目に見えないものを感じさせ，価値を知るために，換気の目的と，効果的な方法について学ぶ題材をつくりました。

1　二酸化炭素測定器で記録をつけておく

　事前に二酸化炭素測定器の電源を入れて数値をはかっておきます。できれば，児童が登校する前の教室や特別教室がよいでしょう。そして，授業が始まってからの数値の変化を定期的に記

録しておきます。40〜50分ほどすればだいぶ数値が上がるはずです。ちなみに私が授業をした35人学級では，エアコンによる暖房だったにもかかわらず，40分で二酸化炭素濃度が500ppmから換気が必要な1500ppmを簡単に超え5000ppm以上になりました。

2　24時間換気の必要性に迫る

目標　○現在の家と昔の家の違いを知り，換気の必要性を知る

　家の設備で「24時間換気」という表示を見たことがあるか尋ねます。すると多くの児童から換気扇や，風呂，トイレなどについているのを見たことがあるという反応が返ってきます。この換気設備は2003年施行の改正建築基準法で設置が義務化され，多くの児童の家に設置されています。なぜこのような法律ができたのか考えさせ，換気の必要性に焦点を当てていきます。

児童：2003年ってけっこう新しいよね。何かあったのかな？

児童：換気していなくて一酸化炭素中毒になったって聞いたことがあるよ。

児童：じゃあ何か大きい事件があったのかな。

教師：ヒントは田舎の家やトトロの草壁さんの家とみんなの家の違いかな。

児童：何が違うかな。うちはけっこう暖かいかな。

教師：エアコンを使うと半開きのドアが開く，または閉まりにくいときはないですか？

児童：ある！　ピチッと閉まっているからかな。**田舎は隙間風がある**感じ。

教師：そう！　それが昔の家との違いなのです。

　シックハウス症候群などへの対策にも換気が必要といわれます。これは以前の家に比べて**暖房効率**と**機密性**が高い一方，風が自然に通らないことを示しています。つまり意識的に換気をしないと空気がこもってしまうのです。

3　空気の汚れ具合を数値化する

目標　○空気の汚れ具合を二酸化炭素の数値から知ることができる

教師：では換気が必要な場所とはどのような場所なのでしょう？

児童：空気が悪いところをよくするから，人が集まるところ。

児童：お風呂にもあるから，湿気がたまる場所にも必要だと思います。

児童：台所は絶対に必要。調理で油もにおいも煙も出るから。

教師：そうですね，換気した方がよい場所と理由がいくつか考えられますね。
　　　人が集まると空気が悪いとありましたが，本当でしょうか。

児童：人混みは頭が痛くなったりするから本当だよ。

　このタイミングで，二酸化炭素測定器の数値を見せます。二酸化炭素の濃度を空気の汚れのひとつの基準とし，**どのくらいの数値だと体によくないか**などの説明も加えます。児童は**予想以上に空気が汚れている**ことを数値から知ることができます。

4　実際に教室を換気して数値の変化を見る

目標　○窓を開けただけでは換気が十分にされないことに気づく

　換気は寒くなる上に効果を感じられないからやりたくないという児童もいます。そこで，普段の換気で二酸化炭素濃度の数値がどれくらい下がるのか，段階的に確かめることで効果的な換気の仕方をつかんでいきます。教室内に**複数の二酸化炭素測定器を設置できる**とブレのない情報が得られます。

教師：少し開ける，いつもの換気くらい開ける，いつもより大きく開けるというように，段階的に換気の効果を見ていきましょう。

※まずは少し窓や扉を開けます。

児童：あまり変化がないよ。隙間風は寒く感じるのに……。

教師：（3分くらいでの変化を見て）次にいつもくらいに開けてみましょう。

児童：数値が減ってきたよ。

児童：だいぶ**部屋も寒くなってきた**けれどね。

児童：けっこう数値が下がるのは遅いね。

教師：では，最大限窓・扉を開けてみましょう。

児童：数値は下がったけれど寒いよ～。

児童：**結局また暖房を強くしないといけなくなりそう**……。

　児童は，いつも行っている窓や扉を開ける換気はやはり必要であることを確かめていきます。しかし「換気＝寒い」という図式ができていては，普段の生活に十分生かされません。そこで，今度は空気の汚れを可視化して，効果的な換気の仕方を学んでいきます。

5　空気の流れの有無による効果を可視化する

目標　○効果的な換気方法を理解し，生活に生かそうとする

　技術革新が進み，空気の流れを理解していれば，寒くない換気がある程度

できるようになってきています。模型を用意し空気を可視化することで，理科の学習と関連させて効果的な換気方法を考えます。

教師：寒くならないように換気をすることはできないのでしょうか？

児童：窓を大きく開けないと数値は下がらないし……。

教師：最近の住宅は空気の流れをつくらなければならないと言いましたよね？　逆に捉えると空気の流れがあれば空気は変わりやすいのかな。

児童：だから24時間換気があるのかな？

児童：風を起こせばいいんじゃない？

　スモークマシン（線香の煙でも代用可）と模型を用いて換気の様子を見せます。

教師：部屋に煙が充満して**空気が汚れている状態**ね。窓を１つ開けたら換気できるかな？

児童：全然できないと思うよ。

児童：（開けたのを見て）やっぱり，**煙が全然出ていかない**ね。

教師：両側を開けるね。さらに，上下を開けると……。

児童：上下を開けると動いてきたよ。

児童：**寒い空気は下に行くからだ！**

児童：でもまだまだ煙はあるね。

児童：風をつくってみようよ。（息を吹く）

児童：おお！　煙が外に出たよ。風のない日は扇風機も必要じゃない？

教師：ここで，**換気扇を入れる**と……。

児童：一気に煙が出てきたよ！

児童：これなら窓が小さくても大丈夫だ。

　実験を通して，児童は**上下を開けて空気の通り道をつくること**，**換気扇の重要性**に気づいていきます。さらに，**気温を変えずに暖める力と同量までの空気を入れれば寒くない換気になる**ことを知り，日常的に換気を考え実行できるようになります。

難しいことはあとあと！
の袋づくり

最も進度の差が生まれるのは，この袋づくりの題材ではないでしょうか。得意な子も苦手な子も学びがあり，意欲的にできる手立てにすることで，児童が自分のレベルに合った「つくりたい！」を実現できます。

1　袋づくりの欠点をカバーする，見通しが立つ手順

まずポケットや出し入れ口，持ち手をつけて，最後に中表で脇を縫えば完成。このつくり方が一般的かもしれません。しかし私は学習には適さないと考えます。その理由は，子どもは最初にポケットをつけようと思わないからです。袋製作の見通しが立たない児童にとっては，教師の指示に従う「作業」になってしまいます。さらに上記の順序では進度の違いに対応できないのです。結果，苦手な子だけが休み時間に嫌々やることになります。

「まず袋をつくる，そしてポケットや便利な工夫，装飾を考える」。つくった経験がない児童の思考に立ち，見通しを立てやすくするのです。そうすれば，ミシンは「教師が教える特別なもの」ではなく，「ツールとして使い自分で工夫を考える」ようになります。さらに工夫を考えるのを後半にすることで，多様な作品ができるけれど進度は同じにできます。

2　縫い方を変えた2つの見本バッグを見せる

目標　○見た目の違いから，中表の袋縫いの見通しをもたせる

5年生でランチョンマット等の簡単なミシン縫いを経験していることと思います。中表とそのままの縫い合わせたバッグを比べ，既習であってもあら

ためて中表の重要性，それに基づく縫う際の注
意点に児童が気づくようにします。

教師：どちらをつくりたいですか？

児童：絶対ケバケバがない方（中表）でしょ。
　　　カッコ悪いし，ほつれそう。

児童：前にランチョンマットでもやった方法だね。中表でつくるんだよね。

3　ペースを揃えて進められる作品例を示す

目標　○袋の製作手順の見通しをもつことができる

　ナップザック（巾着）型，バッグ型，ショル
ダーバッグ型の３種類の袋を示し，今回の製作
ではこのうちのどれかの型をつくるように指示
を出し，つくる手順を示した資料を配付します。
こうすることで，すべて①脇を縫う，②出し入
れ口を縫う，③持ち手や紐・ポケット等をつけ
る，というシンプルな手順に揃えることができ，
見通しがもちやすくなります。

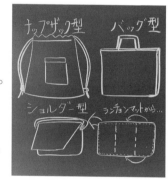

　この他に裏地をつけるものや，リバーシブルバッグも許容しますが，その
際は最低限の助言しかできないことを告げます。これにより，平紐がバッグ
の底を通る縫い方が除外されたり，ポケットの位置が限定されたりします。

4　目的を明確にして製作計画を立てる

目標　○目的・評価基準を明確にもって主体的に製作に入ることができる

　まず大きなテーマを，「修学旅行で使うバッグ・袋をつくろう」などと設
定します。自分でそれ以外に用途を設定できればもっとよいでしょう。修学
旅行の集合写真で全員の製作物を見せるというのも素敵です。

大きなテーマのもと，どんな目的の袋をつくるかを考えます。目的を明確にさせることで，必要な布の大きさのほか，用意すべき布の種類もわかりますし，主体的に取り組めるようになります。

教師：配付した資料を参考にすれば，必要な布の大きさはわかります。さらに，目的・用途を考えてどんな布がいいか考えましょう。

児童：水筒も入る丈夫なナップザックがいいな。丈夫な布ってどんなのかな。

教師：キルティングやオックス生地などはけっこうしっかりした布だよ。

児童：私はおみやげを入れられるような，折りたたみエコバッグにする。

児童：風呂場に持っていく袋をつくりたい。水に強い布はあるのかな？

教師：縫うのがけっこう難しいけれど，あるにはありますよ。

児童：作品例を参考に，形を考えようかなあ。

児童：お気に入りだった服をポケットにリメイクしようかな。

薄手のナップザック　　服をリメイクしたナップザック　　ショルダーバッグ

※ここまで取り組んでおき，布を用意する期間（２週間ほど）は他題材を行います。

5　授業の最初に最低限のゴールを示してとりかかる

目標　○見通しをもって，目的を達成できるような袋を製作する

　各授業の最初の数分間に，その日の最低限のゴールを示します。そうすることで，間違えやすい点を理解した上で製作を始められます。

教師：前回は印・裁断でしたが，今日は片方の脇を縫うまでをやります。少

し縫うところが違うので，まずはバッグ型のみなさん聞いてください
ね……。

児童：(もうここまでできているから，先の映像を見てみよう)

教師：わからないときは，①資料，②友達，③先生の順番で頼りましょうね。

　基本的に製作の流れはこれまでの製作題材と同様です。この題材独自の手
立てを簡単に列挙します。

【製作段階別の映像資料を用意しておく】

　得意な子が，自ら先の内容をつかめるように紙・映像資料を用意します。

【ミシンの糸かけがどうしても苦手な子には，すでに糸がかかったものを】

　糸を通せることも大事ですが，あくまでツールなので許容します。

【キルティングはロックミシンで端を処理】

　分厚いため三つ折りが難しい布は，ロックミシンで端を処理して二つ折り
でやらせます。

【コンパクトミシンのアームを外して】

　袋ができたらポケット等をつけます。コンパクトミシンのアームを外せば，
袋の奥まで縫うことができます。難易度は普通縫いより高いですが，ここま
でやりたい子は，たいてい簡単な助言でできてしまいます。ファスナー，マ
チも最後にします。

【ボタンホールミシン】

　ボタンホール専用のミシンを用意しておけば，きれいに仕上がりますし，
ふたつきリュックも簡単につくれます。

お気に入りだったものとの関わり

　児童の生活にはものや情報があふれています。また，スマートフォンの普及は売り買いの消費行動を大きく変えました。その分，ものの扱い方は課題が出やすくもあります。資源の扱いやSDGsについても生活をもとに考えやすいように焦点を当て，この時代だからこそ考えるものとのつきあい方を題材にしました。

1　お気に入りだったもの探しをさせる

目標　○手に入れる方法から手放す方法までものとの関わり方を考えさせる

　自宅にいながら商品を注文して受け取ったり，返品したり売ったりすることが**簡単にできる**時代になっています。またリユース・リサイクルによる**再販売・再資源化への取り組み**も普及しています。そんななか，児童はものを大事にしているでしょうか？　ペットやつかまえた虫のように大切に扱っているでしょうか。また買えばいい，代わりはいくつでもある，そんな思いを変えるきっかけになってほしいと考えました。

　そこで，かつては思い入れがあったけれど，現在はそうではない**「お気に入りだったもの」**を調べてくる課題を出します。児童は「そんなものはない」と言いますが，親御さんがとっておいたり，廃棄するつもりでもできなかったりしているものが１つはあるものです。そのような思い入れのあったものを扱うことで，ものとのつきあい方を見つめ直させることをねらいとします。

2 お気に入りだった理由と現状を友達と共有する

目標 ○お気に入りだったものについて情報交換する

　児童は思い思いに，なつかしむように自分のものとのエピソードを話します。しかし，大概それらのお気に入りだったものは本来の目的を果たさなくなっていることが多いものです。ものの現状について見つめ直します。

児童：私はぬいぐるみ。小さい頃はずっと一緒に寝ていたんだって。それからけっこう他のぬいぐるみも買って，今は倉庫にあったよ。

児童：ぼくはキャラクター消しゴム。好きで集めていたけれど，もうアニメもやってないし，いらなくなったけどもったいないからとってあるよ。

児童：私は編み機のおもちゃ。本当に編み物ができるんだけど，部品が壊れて使えないんだ。でも好きだったから飾ってあるの。

児童：ぼくはボードゲーム。ゲーム機で遊ぶようになって家族でもあんまり使わなくなっちゃった。ベッドの下でずっとほこりをかぶっていたよ。

　分類していくと，原因は**発達**によるニーズの不一致，**好みの変化**によるニーズの不一致，**破損等**による使用不可，**家族や環境の変化**などが挙げられます。使わなくなった理由は様々あることを押さえます。

3 ものの幸せな一生について考える

目標 ○ものの一生という観点から，ものとのつきあい方を考える

　現在のお気に入りだったものとのつきあい方をよいと思っている児童は少ないものです。そこで，ものを主人公とした「ものの一生」という視点でものの表情を考えさせます。これは消費行動を振り返ることと同義です。ものとの「出会い」「つきあい」そして「別れ」は必ずあるものです。それぞれの場面でものはどんな表情をしていたか，現在はどんな表情かを考えさせます。

児童：買ってもらったときはとってもほしかったからものもニコニコしてい

たよ。

児童：おもちゃは，たくさん使っていると喜んでいたんじゃないかな。

児童：最近は**ほとんど使っていないから，泣いている**かも。

児童：保管する場所もよい環境ではないし，ほこりもかぶっているなあ。

教師：でも以前のようにまた使うわけではないですよね？　どうしましょう。

児童：じゃあ**売ったり渡したり**すればいいんじゃないかな。

4　再資源化のデメリットや，時間軸に目を向ける

目標　○再資源化すれば環境負荷がないわけではないことに気づく

　ものと別れる際の手立てとして，リユースやリサイクルなどの再資源化の方法ならばよいと考える児童は多いです。たしかに焼却処分に比べて負荷は少なく見えます。しかし，再資源化にもデメリットがあることや，世界の実情をいくつかの手立てで伝えます。

【リユースでまわされる資源の行方】

　最近は服やおもちゃの買取，再販売店も多いです。値段がつかないものも引き取ってくれることもありますが，売れないものはいずれ焼却処分等にされます。さらに運搬過程でガソリンを使うこともあります。一方で，年齢の近い近所の人に譲る家庭もあるでしょう。**ニーズが合えばデメリットは少ない**選択肢となります。

【リサイクル率の高さと問題】

　分別して資源化するという考えも出ます。事実，日本のゴミの分別は進んでいます。代表的なプラスチックやペットボトル，缶のリサイクル率は世界のなかでトップレベルであることを児童に提示します。

　一方で包装等の各素材のそもそもの使用量が多いことや，日本のペットボトルのリサイクルのほとんどは**サーマルリサイクル**といって「焼却」して活用する方法であることを告げます。資源を

分別していますが，結局**燃やされたり**，**再資源化に多くのエネルギーが使わ**
れたりすることに気づかせます。

【江戸時代と近年の再資源化の特徴を比べる】

　資源のリユース・リサイクルの資料を比べさせます。一方は昔から近代ま
で行われていた服のリユースやリサイクル（燃やした灰を畑の肥料にする）。
もう一方は石油エネルギーの科学的なリサイクルです。ペットボトルはリサ
イクルされてTシャツになりますが，そのスパンが非常に短いこと，そのた
めエネルギーをたくさん必要とすることという時間的な観点に着目させます。

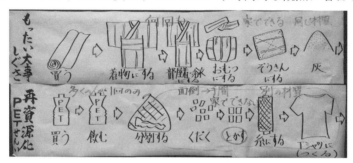

5　ものとの関わり方　報告会で実践を報告し合う

目標　○自分にできる，ものとの今後の関わり方を考えられる

　最後にお気に入りだったものと，どうつきあう決断を下したのかを交流す
る機会をとります。写真に撮って処分する，やはり飾る・しまっておく，親
戚に譲る，ありがとうの気持ちをこめて廃棄するなど，**ものを大切にした扱**
い方を考えるようになります。また，ものを手に入れる際もむだがないよう
に，「よく考えてから購入する」などものの人生をあずかる責任についても
意識する児童が増えます。以下は学習を終えての感想の一部です。

・布や紙は使い道があるけど，プラスチックは使い道がないと思った。

・使わなくなったものによってその後どうするかは違うと思った。ものをど
　れだけ生かせるか考えて，なるべく長い間使いたい。

買い物アドバイザーで
賢い消費者に

　消費生活・環境の内容では，賢い消費者としての態度の育成が求められます。何が賢く，自分の生活に合った選択なのかを判断できるように目的を意識した題材を設定しました。

1 「正解」を示すためには目的が肝心

　どのノートを買うか，というような教科書の問いに対して，「**みんな違ってみんないい！**」もしくは「**環境に気を配っていろいろなことを考えて買う必要がある**」なんてまとめていないでしょうか？　そんなわけないのです。ましてやノートを買わせる学習でもありません。

　この題材では，賢い消費行動とは何かを明確にし，その要素を学ぶ必要があります。だから，その人によって答えは決まっているのです。具体的には消費行動は，①**目的を明確化**し，②**情報を読み取り**，③**価値を比較**し，④**自らの基準に沿って選択・決定**し，⑤**振り返る**という流れですが，④は**目的が違えば**それぞれ違ってもよいのです。失敗体験の多くは目的を意識しないことに由来します。そこで本題材では①の**目的の明確化**を重要視して扱います。

2　買い物アドバイザー説明会を開く

　買い物アドバイザーと称し，目的を発見し，それに応じた商品について助言するという活動を行います。班で取り組むことで，重要だと思うことは人それぞれ異なるということに気づきやすいようにします。

教師：今からみなさんには買い物アドバイザーとして働いてもらいます。よ

く説明を聞いて，チャレンジしてくださいね。（以下を読み上げます）

> 近くに大きなショッピングモールができることになりました。このショッピングモールは商品がとても多いため，お客様が困らないように「買い物アドバイザー」という役職をつくり，お客様にとって最適な商品について助言します。
> 　今回みなさんにもその買い物アドバイザーとして働くために，まずは研修を受けてもらいます。

児童：買い物アドバイザーだって，本当にいそうだね。

教師：**お客様にとって何が最適かを考えてくださいね。**

児童：商品が決まったらどうすればよいですか？

教師：私が，理由も含めて正解か判断します。

児童：**正解があるの!?**　お客さん役は誰ですか？

教師：お客さんはこの方です！（学級のマスコットを提示する）

3　写真だけを示して，観点の必要性に気づかせる

目標　○商品を選ぶときの基本的な観点について知る

　3つのレタスから1つを選ぶ活動を行います。まず，写真だけを示して，よいものを選ぶためには，**比較する観点が必要**であることに気づかせます。また，この際に商品の情報として必要な，産地や賞味期限・消費期限，トレーサビリティ，環境への観点など**知識的側面を「研修」として取り上げます。**

教師：みなさんはこの3つのレタスのどれを選びますか？

児童：Aかなあ。おいしそうだし。絶対Bは選ばないでしょ。

教師：じゃあ手を上げてもらうね。Aを選ぶ人？

児童：ちょっと先生！　選ぶための価格とかの情報はないんですか？

教師：あ，必要ですか？　じゃあ書きますね。Aが○○円で……Bが……。

児童：それだけじゃなくて，量も必要！　重さとか大きさは？　あと産地も。

教師：けっこうたくさん情報が必要なのですね。産地はA・Bが国産，Cがカリフォルニア産です。どうして産地が必要なのですか？

児童：外国産はあまり信用できないっておうちの人が言っているよ。

教師：う～ん，**日本のスーパーで売られているものはどれもちゃんとルールや検査の基準が守られているものですよ。**それよりも，地産地消やフードマイレージということを意識するといいですね……。

	A	B	C
見た目	新鮮	古い	新鮮
収穫日	2020年6月11日	2020年6月1日	2020年6月7日
値段	160円	90円	140円
産地	群馬県	茨城県	カリフォルニア
量	350g	250g	340g

　ここで，賞味期限・消費期限についても扱います。野菜の多くには普通表示されませんが，あえて収穫日を表示し「鮮度」という観点として示します。

4　班で買い物アドバイザーとしての回答を決める

目標　○買う目的とそれに応じた商品があることを理解する

　　　　○必要な情報を意識して，情報を読み取り整理することができる

【レタスを選ぶ問題で，目的に着目させる】

教師：では，お客様にとってどれがいいか選んで挙手してくださいね。

児童：そりゃAでしょ。安くても鮮度が悪いのと外国産はダメだよ。

児童：でもCかもよ。安い方がいいかも。

教師：もう一度聞きます。**こちらのお客様にとって，**
　　　一番いいものを選びましたか？

児童：でも，何がほしいかわからないし……。

教師：どうしたらわかりますか⁉

児童：あ，そういうことか。聞けばいい！

　班で聞くことを考えさせ，どれをおすすめするか理由も班で考えさせます。児童は，最初は「新しいのと古いのとどちらがいいですか？」など１項目だけを聞いてきますが，次第に「何に使いますか？」「何人で食べますか」など実際に手に入れたい目的に焦点化した質問ができるようになります。（このときは，明日から旅行に行くため，食べきりたいので鮮度はそこまで気にしないという設定にし，正解をＢとしました）

【水の問題は「小型ボトル」「おいしさの宣伝」「長期保存」「外国産」で】

　４つの水のラベルを用意しました。宣伝文句も入れた情報過多の状態にし，どう目的に焦点化するかというお題にしました。さらに，正解は災害対策での「長期保存」とし，ゴミの量を意識する選択肢なども取り入れました。

　２問のいわゆる「練習問題」を行うことで，児童は目的を意識することの大切さと，**目的を意識すれば自ずと選択肢が決まる**ことを学ぶのです。

5　行事との連携が難しい場合は，半分架空の課題を出す

目標　○自分の生活や目的に応じた消費行動を考えられる

　修学旅行などの行事と関連させ，**実際にお金を使う計画を立て，振り返る活動をします。**行事との関連を図ることが厳しい場合は，「自分の家族を想定して，みんなが楽しめるお茶会にするにはどのような選択がよいか」という**半分架空の課題を出して自分なりの目的や家族の状況・好みに応じたお菓子を選択する，**という活動もできます。以下は例題です。

> 　今度の休みの日に親戚のおばさんとその子ども（幼稚園児）が自分の家族のところに遊びにくることになりました。
> 　みんなが楽しめるお茶会にするために，おやつは何を選べばよいでしょうか。
> 　次の○種類のおかしから選び，理由も答えましょう。
> 　予算は○○円です。家族構成は今の自分の家族で考えてください。

【著者紹介】
佐藤　翔（さとう　かける）
1984年生まれ。好きな飲み物・食べ物はビール，プリン。高校
3年生のときに実家でひとり暮らしをしたことをきっかけに家
庭科に目覚める。専門は家庭科，心理学，学級・組織経営。学
級担任・専科両方の経験を生かし，日々の教育実践・チームづ
くりに生かしている。生涯のテーマは「家庭科で子どもの将来
をつくる」。著書に『授業をアクティブにする！365日の工夫
小学6年』（明治図書），ほか雑誌や事例集等に実践事例を執筆。
学校心理士。勉強会サークル「スパティ」所属。千葉大学教育
学部附属小学校教諭。（執筆時）

〈本文イラスト〉菊地奈緒

家庭科授業サポートBOOKS
指導スキルから面白アイデアまで
小学校家庭科の授業づくりテキスト

2020年6月初版第1刷刊	©著　者	佐　　藤　　　　翔
2023年4月初版第3刷刊	発行者	藤　原　光　政
	発行所	明治図書出版株式会社

http://www.meijitosho.co.jp
（企画）茅野　現（校正）嵯峨裕子
〒114-0023　東京都北区滝野川7-46-1
振替00160-5-151318　電話03（5907）6702
ご注文窓口　電話03（5907）6668

＊検印省略　　　　組版所 中　央　美　版

Printed in Japan　　　ISBN978-4-18-284817-9
もれなくクーポンがもらえる！読者アンケートはこちらから
→